ALBUCIUS

PASCAL QUIGNARD

Albucius

P.O.L

AVERTISSEMENT

Quand le présent offre peu de joie et que les mois qui sont sur le point de venir ne laissent présager que des répétitions, on trompe la monotonie par des assauts de passé. On ouvre des cuisses des morts, et leurs ventres (vieux ventres doux de deux mille cent ans) se touchent et se recouvrent. On pioche dans ce qu'on ne peut dire de sa vie à personne et on transporte ces petites poutres de bois et ces petits duvets des oiseaux dans un nid de vieille patricienne ou d'antiques Hébreux. Cela abrite. Ce qui fut vrai protège mieux le faux et les désirs auxquels le faux cède le passage qu'une simple intrigue anachronique qu'on rapièce et qu'on tire par les cheveux. Caius Albucius Silus a existé. Ses déclamations aussi. J'ai inventé le nid où je l'ai fourré et où il a pris un peu de tiédeur, de petite vie, de rhumatismes, de salade, de tristesse. Ce fantôme y a peut-être gagné quelques couleurs et des plaisirs, et peut-être même de la mort. J'ai aimé ce monde ou les romans que son défaut invente.

En juin 1989, j'étais seul et j'étais las. J'ai noté soixante de ces pages assis sur un banc de bois, parmi d'énormes corbeaux funéraires, sur le rempart du jardin impérial à Tokyo.

Il y avait une petite tortue dans l'étang en contrebas des remparts qui tendait sa tête hors de l'eau en s'approchant du pilier de bois près de la rive. La tête laissait après elle un sillage. Sans cesse la masse de son corps l'entraînait vers le fond. J'ai regardé la tête verte, âgée, implacable, écailleuse. Je me suis dit : « Tiens, c'est Auguste ! » Cela allait de soi. Maintenant j'en suis plus surpris. Le pays où les portes de taxi se ferment toutes seules et où on retire ses chaussures pour manger m'a enseveli dans une Rome imaginaire plus vivante et plus irriguée de sang que les visages des bonzes zen avec qui j'étais venu m'entretenir.

Je ne mets rien plus haut que la traduction que Henri Bornecque a donnée de l'œuvre du père de Sénèque — c'est le grand Sénèque. J'ajoute que je dois beaucoup aussi à la version que Du Teil a publiée des romans de Quintilianus le déclamateur. C'était sous le cardinal Mazarin, la première quinzaine d'août 1658. Il faisait très chaud. Les Solitaires étaient encore aimés. C'est ainsi que j'ai connu du bonheur, dans la fraîcheur des arbres. J'ai embelli ma vie de jours que je n'ai pas vécus.

Grenoble, juillet 1989.

CHAPITRE PREMIER

Les amis de Novare

Annaeus Seneca était son ami. Il a noté le détail des souvenirs que l'affection lui remettait en mémoire. A Rome, dans les premières années de l'empire, des hommes parlaient d'autres hommes après que la mort les avait enlevés aux plaisirs de la lumière. On les nommait des « amici ». Des amis. Ces mots se sont perdus et le sens n'en est pas plus aisé à déchiffrer qu'un ciel plein de nuages qu'on interroge la nuit. Je parle de l'amitié. Je ramène ce que je puis avec un filet dont plus beaucoup de monde n'a l'usage. Le mot « dear », en anglais moderne, n'est pas non plus d'un accès facile. L'ambition que nourrissait un ancien Romain du temps de la République était d'être appelé, après calcination, « carus amicis », cher à ses amis.

Il le fut. C'étaient les années trente. L'homme était inquiet. C'est dire, dans cette langue devenue très ancienne, qu'il comptait parmi les êtres qui ont peur de la tranquillité, de l'appel de la « requies » posthume. Ils ont peur des visages de

cire si sereins qui sont rangés dans l'armoire aux
images des morts, qui est située dans l'atrium.
Mot singulier que ce mot romain de « quies »,
capable de définir à la fois la relâche, le sommeil
et la mort. Dans notre langue (outre la marque
déposée d'une fabrique misérable de silence arti-
ficiel et agglutinatif) le mot a donné « quitte » et
il a donné « coi » : brusques adjectifs presque
périmés. Sous Louis XIII on ne disait pas
« nature morte » mais « peinture coite » parce
que ces objets ordinaires et à demi obscurs
étaient quittes du langage dans la nuit où ils
paraissaient sur le point de s'ensevelir. Il fut un
temps, au début de l'empire, où acquiescer voulait dire jouir. Mot à mot : se donner de la joie
dans le repos. Je n'ai pas connu ce temps. Je
n'acquiesce pas. Ainsi la vie d'Albucius Silus
a-t-elle été qualifiée par Annaeus Seneca (le père
du conseiller de Néron, le père du philosophe
phraseur, le père du millionnaire stoïcien) de
« longa inquietatio ». Longue agitation dans la
peur. Mais ce sont des calembours. Les Romains
aimaient beaucoup qu'on jouît des mots de la
langue ordinaire. Ils y lisaient des signes divins :
du moins cela nouait des chances. Cestius avait
surnommé le romancier « Inquietator ». Caius
Albucius Inquietator. L'inquiétateur, l'agitateur
de la langue latine à l'aube du premier siècle.

   L'homme était chauve, maigre, grand, droit,
plein de nerfs, abrupt. Il portait toujours un
grand chapeau de feutre blanc à jugulaires.
« Tristis, sollicitus declamator... » « C'était un
romancier inquiet, tourmenté, jamais content de
soi, qui ne puisait aucun repos dans le silence.
Aucun secours dans le succès... »

   Il était plus jeune que César. Ce dernier, qui

appréciait la manière d'Apollonius de Rhodes, n'aimait pas la façon d'écrire d'Albucius. Cestius a écrit que Caius Albucius Silus est né l'année où Lucullus envahit l'Arménie. C'étaient les derniers jours de – 69, à Novare, en Gaule cisalpine, dans le Piémont, dans une riche famille édilitaire. L'année – 69 (l'année 684 de Rome) demeure associée dans l'histoire à trois événements : la prise de Tigranocerte par Lucullus, la mère de Virgile couchant avec Maro, les pirates maîtres à Syracuse et à Gaète. César n'existait pas encore politiquement. Il est grand pontife : il surveille des rites et il intercale des mois. Pompée est au faîte de sa gloire : il revient de Palestine. Il a mis à mort douze mille Juifs. Il pénètre dans le temple, voit la table, voit les chandeliers. Il dit : « Brisons. » Il fait de Jérusalem une ville tribu-taire.

C'est en – 69 que César cessa d'être pauvre. Il aimait porter la bague en argent des sénateurs. Il commença par faire main basse sur l'Espagne ultérieure. Alors Albucius flotte encore et s'accroît dans les eaux de sa mère. A Cadix César sort du temple d'Hercule. Il tombe nez à nez avec une grande statue représentant Alexandre et reste dans la stupeur. Il s'assied sur une des marches fraîches du socle. Il a écrit lui-même qu'alors il avait éprouvé un « sentiment triste », qu'il n'avait jamais connu jusque-là. Il songe : « J'ai vingt-neuf ans. Je n'ai rien fait à l'âge où cet homme avait soumis la terre. Je perds mes jours. Mon sang coule dans des bras et des mains inutiles. J'abandonne l'Espagne et ses moutons dans la terre rouge. Je rentre en un lieu où on ne m'attend pas et où il faut désormais qu'on ne cesse de se soucier soit de ma présence soit de

mon nom. Dans six jours je suis à Rome. » Il fait
seller les chevaux. Il passe par les Gaules. Il passe
par Novare et Milan. Il épouse la petite-fille de
Sylla et de Pompée.

Lors de la guerre des pirates, César seul appuie
Pompée. C'est la guerre qui a le plus marqué de
son empreinte, de ses naufrages, de ses rançons,
les romans d'Albucius Silus. Un an plus tard, en
– 66, César n'est plus seul à soutenir Pompée :
Cicéron est à leurs côtés. César crée la presse en
– 59. En – 59 Albucius va étudier *L'Odyssée latine*
chez le grammairien. Il met en prose ses premières narrations héroïques.

Cestius dit que le premier texte d'Albucius qui
aurait été primé portait sur Achille, *Achille chan-
tant*. Cestius ajoute que c'est dès l'enfance
qu'Albucius aurait eu cette propension à introduire dans ses récits des mains coupées. Le plus
ancien de ses récits s'intitule *Les deux mains de
Phidias*. Le plus célèbre est sans nul doute *Le soldat sans mains*. Cestius, Arruntius, Annaeus
Seneca n'ont conservé que des résumés de ces
intrigues et des bouts de dialogues qui leur
paraissaient plus brillants ou plus étonnants que
d'autres. Je restitue comme je peux ce qui reste
de ces fantômes d'œuvres.

LES DEUX MAINS DE PHIDIAS

Phidias remissus amissis manibus

Première scène : les Athéniens prêtent Phidias
aux Eléens en sorte que le sculpteur fasse un
Jupiter olympien. Ils établissent le contrat suivant : ou ils rendent Phidias ou ils versent aux
Athéniens cent talents.

Deuxième scène : Phidias sculpte Dieu. La statue finie, les Eléens accusent Phidias d'avoir soustrait de l'or au temple en fondant la statue. Ils lui coupent les mains comme sacrilège. Ils le rendent aux Athéniens, et les deux mains qui étaient siennes dans une boîte incrustée. Les Athéniens réclament en vain les cent talents aux Eléens. Ils intentent un procès :

— Jam Phidian commodare non possumus. (Maintenant nous ne pouvons plus prêter Phidias.) Le tort que vous nous avez fait est entier.

— Vous possédez celui qui a conçu.

— Nous n'avons pas la main.

— Nullement. Vous avez les mains que nous vous avons remises dans la boîte.

— Elles sont coupées.

— Que le sacrilège prenne à témoin le dieu qu'il a trahi.

— Il prend à témoin le dieu qu'il a fait. Vous avez sacrifié au dieu son auteur.

— Les dieux n'ont pas d'auteur.

— Si nous avions conclu ce contrat, c'était pour les mains de Phidias.

— Vous aviez dit « Phidias rendu » et nous avons rendu Phidias et jusqu'aux mains de Phidias dans une belle boîte incrustée.

— Superest homo sed artifex periit. (L'homme reste mais l'artiste est mort.)

— Il est moins nécessaire d'orner les temples que de venger les dieux qui les ont consacrés.

— Ces mains qui suscitaient des dieux ne peuvent même plus implorer le visage d'un chien ou les seins d'une femme.

— Ces mains, quand elles se sont portées sur l'ivoire et l'or du temple, n'imploraient ni dieu ni l'art.

LE SOLDAT SANS MAINS

Vir fortis sine manibus

Un vétéran a perdu ses mains au combat. Il rentre du camp. Il pousse la porte. Il surprend sa femme en flagrant délit d'adultère. Il se précipite pour chercher un glaive oubliant qu'il n'a plus de mains pour le saisir. Les deux amants rient en le voyant avec ses moignons couverts de linges et le mot d'épée sur les lèvres. Il appelle son fils encore adolescent et lui ordonne de lui servir de mains et de tuer à sa place l'épouse impudique et l'homme qu'elle tient entre ses bras. L'enfant refuse de prendre une arme.

— Je ne les ai pas surpris, dit-il. Leurs corps ne sont pas joints.

— Tue ta mère, dit le père.

— Je ne peux pas tuer ma mère, dit le fils.

— Mon fils, le bout du sexe de l'homme brille encore, dit le père.

— Il est flaccide, dit le fils.

— Je n'ai plus mes mains, dit le père.

— Je les ai mais je n'en trouve pas l'usage, dit le fils.

L'amant se saisit en bondissant de sa tunique et s'enfuit. La mère, luisante de sueur, se précipite vers l'enfant, se met à genoux et prend ses mains. Le vétéran engage une action en justice contre son fils après qu'il l'a chassé pour impiété. Le fils déclare devant le tribunal :

— Je voyais la chambre à coucher, je voyais le lit, je voyais mon père, je voyais ma mère. Je ne pensais à rien. J'étais paralysé.

Méticuleusement, dans le roman d'Albucius, l'enfant dialoguait dans son « forum » intérieur avec l'interdiction où il était qu'il vît ce qu'il voyait, qu'il fît ce que son père ordonnait, qu'il dît à haute voix ce qu'il ressentait. Le fils disait pour finir : « O juges, je dialogue avec le fait d'être interloqué. » Le père répondait : « Moi, je brandis des mains qui sont tombées sur terre à deux mille lieues. » La mère déclarait : « O juges, plus de mains, plus de doigts ! »

CHAPITRE II

Le compotier de chêne noir

Je n'ai pas le dessein en composant ces pages de dérouler comme un fil la vie d'Albucius Silus. J'évoque une œuvre que je juge méconnue. J'indique quelques sons, quelques lumières peut-être qui se portaient sur un corps. Je prélève à vrai dire les traits qui m'émeuvent, parce qu'ils m'émeuvent, soit encore qu'ils justifient des défauts dont la présence chez autrui m'apaise. Il y a une chose que les Anciens avaient eux-mêmes remarquée et qu'ils ont toujours soulignée comme s'il s'agissait d'un trait de caractère aussi choquant pour eux que la pureté pour ainsi dire artémisienne d'Hippolyte : il ne voyageait pas. Je néglige — comme les Anciens faisaient — les voyages à Athènes ou à Novare ou à Rimini, ou à Herculanum, c'est-à-dire dans ses familles paternelle et maternelle à l'occasion des deuils : ces voyages étaient obligatoires et leur nécessité était tout à la fois civile et religieuse. Caius Albucius Silus ne voyagea jamais pour son plaisir. Non pas qu'il craignît le voyage même, le dépla-

cement, son inconfort, ses inconvénients. Non
pas qu'il hésitât à quitter un proche en voya-
geant. La raison est plus singulière : Cestius et
Seneca tombent d'accord pour dire qu'il éprouvait de l'embarras à se séparer d'un ustensile de
cuisine mais qu'il aurait ressenti de la gêne à
voyager dans sa compagnie. Il s'agissait d'un
saladier ou d'un bassin (lanx) dont s'était servi sa
bisaïeule maternelle du temps de la censure de
Scipion Emilien. Le saladier, cette grande écuelle
que j'ai quelque difficulté à me représenter, était
en chêne noir. Il le laissait accroché au mur à un
clou, comme s'il s'était agi de l'image d'un
homme courageux.

Il faudrait demander son avis à un meilleur
latiniste que moi. Cestius dit « lanx patinaria »
(un plat à poisson, un vase, une poissonnière).
Seneca dit « lanx » (une grande écuelle, un compotier peut-être). Aucun témoignage ne donne
« satura » (compotier à proprement parler, saladier). La « satura » à l'origine est un plat (lanx)
où on mêle des fruits et des légumes coupés en
morceaux. Il faut songer à ce qu'on appelle de
nos jours une macédoine ou une salade de fruits.
Les fêtes appelées Liberalia avaient lieu au printemps : on présentait aux dieux qui protégeaient
les travaux des laboureurs un vaste bassin rempli des prémices de toutes les productions de la
terre. Ce bassin était appelé « lanx satura », d'un
mot osque qui signifie pot-pourri. Commen-
çaient alors des chants licencieux ou railleurs au
dieu Manducus ou aux joues de Bucco. On invo-
quait le Fascinant (le phallus). Ce mot de satura
fut celui dont les anciens Romains se servirent
pour désigner une forme de roman (le plus
célèbre de ces pots-pourris est le *Satiricon*, un

siècle plus tard) où la plupart des genres littéraires existants étaient coupillés et mêlés, en
sorte de la distinguer de la « declamatio » qu'ils
affectionnaient. Petronius Arbiter ouvrit son
Satiricon sur une scène où ses héros vont précisément de déclamation en déclamation (dont
une d'Albucius Silus) qu'ils rejettent une à une
avec éclat, avant de trouver leur véritable
intrigue dans l'œuvre mêlée du grand patricien
commensal de Néron. Albucius âgé a pu
connaître Pétrone enfant, ou du moins quand
Pétrone était tout petit nourrisson, ou le ventre
rond de sa mère.

Je laisse le nourrisson. Je laisse le compotier
de chêne noir. Une « satura » tissait des poèmes
et des contes milésiens. Une « declamatio »
subissait le joug de deux fictions pour chaque
sujet que les déclamateurs ou les sophistes trai-
taient et sur lequel ils concouraient entre eux :
une loi fictive, qui entraînait une procédure fictive, et une situation fictive, la plus ahurissante
qui se pût trouver. Voici quelques exemples de
ces lois chimériques : « Vir fortis quod volet praemium optet » (Le brave éprouvé peut souhaiter
la récompense qu'il veut), « Raptor raptoris aut
mortem aut indotatas nuptias optet » (La femme
violée pourra choisir que son violeur soit exécuté
ou qu'il l'épouse sans dot), « Qui ter fortiter fece-
rit militia vacet » (Après trois actions d'éclat, le
soldat sera définitivement exempt de service militaire)... Les déclamations exploraient le réel sous
trois espèces : l'impossible, l'indéfendable,
l'imprévisible. Le « réel irréel », tel était l'objet
psychologique, judiciaire et rhétorique des
romans des déclamateurs et des sophistes. Ils
multipliaient les tournées de conférences dans

les amphithéâtres sur tout le territoire de
l'empire. Ils se couvraient d'or. Plusieurs siècles
plus tard les tournées de Lucien ne sont compa-
rables qu'à celles de Dickens à la fin de sa vie, l'un
dans l'empire romain, l'autre dans l'empire bri-
tannique, chacun recherchant l'Inde. Ou Apulée,
qui fait songer à Jorge Luis Borges durant la dernière saison de sa vie — sinon la mule ici, l'avion
là. Je citerai en exemple : un homme pauvre qui
pleure une abeille morte. Il est adossé à un
mûrier. Je recopie la traduction qu'en a faite Du
Teil, qui date de 1658 : « Il faut supposer la Loy
qui donne l'action du dommage fait avec injure.
Un Pauvre et un Riche avoient leurs jardins
proches l'un de l'autre. Le Riche avoit des Fleurs
dans le sien, le Pauvre des Abeilles. Le Riche se
plaignit au Pauvre que ses Abeilles lui suçoient
ses Fleurs et luy commanda de les transporter
ailleurs. Comme le Pauvre n'obeïssoit point, le
Riche empoisonna ses Fleurs. Les Abeilles du
Pauvre en estant mortes, il accuse le Riche de
dommage avec injure. » (*Les Grandes Declama-
tions traduites en François par le Sieur Du Teil,
Avocat en Parlement, A Paris, Chez Estienne Loy-
son, au Palais, à l'Entrée de la Galerie des Prisonniers, au Nom de Jesus, août 1658.*) Du Teil tra-
duisit ces étranges romans antiques quand Oliver
Cromwell mourait. Molière composait ses *Précieuses*. Je pense que Corneille est le seul grand
disciple d'Albucius Silus. Il est le seul auteur
français à s'être ressaisi de toutes les ressources
véhémentes que ces dialogues des déclamateurs
avaient thésaurisées. Jules Mazarin thésaurise
quant à lui une digue de bagues et d'or qu'il
oppose à la menace de mourir.

Albucius Silus « inquiéta » le roman romain. Il

aimait les mots bas, les choses viles, les détails réalistes ou surprenants. Un jour qu'on demandait à Albucius ce qu'il fallait entendre par le « sermo cotidianus » (la langue de tous les jours), celui-ci répondit : « Il n'est rien de plus beau que de placer dans une déclamation une phrase qui procure de l'embarras à celui qui la dit. » Tel est le critère du sordide : un sentiment de gêne nous avertit de sa présence. Reste à s'approcher de lui, à s'en saisir et à le tisser à l'œuvre d'art. Le plus bas devient le plus touchant.

Si les mots de « lanx » ou de « patinaire » revenaient dans sa conversation, jamais le mot de « satura » ne se trouve mentionné dans les textes qui demeurent sous le nom d'Albucius Silus. J'imagine Albucius Silus dictant un jour à un de ses librarius : « Le mot "logos" voulait dire pour les anciens Grecs une corbeille. Il ne veut pas dire exactement "lanx" mais c'est ce que moi je veux dire ! » Il se lève. Il montre alors avec la main au mur le légumier en bois de chêne qui datait de Carthage vivante. De même, en – 25, quand Auguste reçut la grande ambassade des princes d'Inde, il usa d'une figure : « Les hommes de l'Antiquité étaient montrés sous le jour le plus humble. Songez à la charrue de Lucius Quintus Cincinnatus et à sa tunique terreuse. Les origines de Rome sont une paillote, les tétines d'une louve et deux enfants qui blèsent et qui meurent. Songez aux légats impériaux, aux édiles et aux ducs quand ils se lèvent dans l'aube. Ils approchent leur bouche d'une écuelle d'eau et ils la rejettent. Nommez la jarre où ils urinent. Décrivez ce voussement ou cette voûte, pour dire mieux, des épaules que l'âge et la chaise curule et les affaires donnent aux hommes plus âgés. Développez la lenteur de leur geste, la gaucherie puérile de leurs corps quand ils enfilent leur caleçon et qu'ils titubent. Quand ils se raclent le visage avec la pierre ponce pour se séparer d'une crinière de bête sauvage dont ils ne se séparent pas quelque puissants qu'ils soient. Bête sauvage et inexterminable dont ils ôtent la trace sur leur joues, sous leur nez, mais qui les poursuit d'aube en aube à peine ont-ils franchi le seuil de la porte de bronze pour s'élancer dans la ville, l'Empire, la gloire, l'or. »

CHAPITRE III

Les guerres civiles

Il répugnait à apparaître. Il ne se livrait jamais plus de six fois l'an à son public. On se battait pour obtenir une place à ses exercices privés (il apprenait par cœur ses improvisations) qui avaient lieu plus fréquemment dans l'année mais où il faisait peu d'effort pour plaire. Il commençait, assis parmi tous, par marmonner l'exposition de son sujet et c'est seulement s'il se présentait tout à coup quelque arête passionnante dans ce qu'il était en train de dire qu'il se levait et s'animait. Les os perçaient. Il avait le visage lumineux et les doigts et les bas pleins d'énergie et pleins d'emprise. Rarement il peignait les personnages ni ne détaillait l'intrigue. Soit il demeurait assis : il restait plus volontiers à donner carrière sans mesure à sa pensée. Assis, c'étaient des sentences. Debout, des couleurs. Pour peu qu'il fût chez lui, entouré des proches, il développait rarement toute la déclamation. On ne pouvait dire que ce fût un plan. On ne pouvait dire que ce fût une déclamation. Pour une déclamation, c'était trop peu. Pour un plan, c'était trop. Pendant qu'il déclamait le temps se perdait en lui comme l'eau peut être versée sans finir dans le sable. La trompette sonnait-elle trois fois qu'il parlait encore de ses héros et de leurs plaintes. Il avait le défaut suivant : chaque question devenait elle-même un roman et entraînait sa proposition, son exposition, sa digression, son passage d'indignation et sa péroraison. On lui en faisait reproche. On lui disait : « Chaque membre est aussi gros que tout le corps. » Il répondait : « Ce n'est pas un corps, c'est une cité. Chaque membre n'est pas une narine ou un bras. Chaque membre est un homme. » Annaeus Seneca n'a pas hésité à écrire : « Splendor orationis quantus nescio an in nullo alio fuerit. » (Son style avait un éclat que je ne sache pas avoir jamais rencontré chez un autre orateur.)

Je veux produire cinq intrigues étonnantes qui datent de la première guerre civile. En – 65, tandis que Pompée investissait le Caucase, César faisait relever les statues de Marius. En – 62 : Catilina assassiné en Etrurie. En – 58 Caton prend Chypre dans le sang. En – 54 Crassus pénètre en Mésopotamie et entre dans sa mort.

Je juge que deux maximes sont fortes pour s'associer profondément et son corps et sa vie et son temps et sa langue : On ne sait pas ce qu'on dit. On ne sait pas ce qu'on fait. J'aime ces maximes abruptes et chaque jour les vérifie. Chaque fois qu'on parle, qu'on écrit, chaque fois qu'on agit, chaque fois qu'on décide, on lance des parties de dés anxieuses dont on ne prévoit pas la durée, dont on ne mesure pas l'importance, dont on ne voit pas se dessiner la perspective et dont on n'imagine pas le cours. C'est pourquoi il faut porter une attention vague à tout, bavasser, agiter avec un peu de fièvre ce qui entoure. Puis brusquement apparaissent en un éclair le symptôme dans la parole libre, l'occasion dans l'action souple — et là il s'agit d'être à la hauteur et de foncer sans crier gare.

En décembre – 63 ni César ni Caton ne savaient rien de ce qu'ils faisaient. Ils savaient qu'ils rivalisaient pour obtenir un même pouvoir. Ils ne savaient rien ni de l'éclat ni du sens qui allaient s'emparer de leurs noms. Ils savaient moins encore qu'ils étaient en train de faire le contraire de ce qu'ils croyaient qu'ils faisaient. Tous deux, comme deux reflets d'un même corps longiligne, soignaient leur langue jusqu'à l'avarice et la maigreur. Albucius, quant à lui, assombrissait le lexique.

Albucius Silus, à la fin de sa vie, savait combien il avait été original. Il le confiait à Sénèque qui en a conservé les témoignages écrits. L'originalité des romans d'Albucius ne tenait pas tout entière aux mains coupées, aux rhinocéros et aux mots bas qu'il y introduisait. Elle tenait aussi à la récurrence de certains thèmes : guerres civiles ou guerres de pirates qui avaient hanté son enfance et son adolescence. Oppositions de plus en plus dures entre citoyens et esclaves et entre pères et fils. C'est en – 55 qu'Albucius — et tous les citoyens de Rome — virent leur premier hippopotame : Albucius a treize ans. Il mue. Son visage se couvre de poils. Il a appris ses premiers mots quand les bandes défaites et rejetées de Marius, de Mithridate, de Sertorius, de Spartacus, s'émiettaient par milliers sur la mer. Proscrits, fugitifs mettant en commun leur haine et leur faim, la moitié du monde romain s'était faite

pirate. Sur des barques ou des radeaux mal
cloués ils hantaient les bouches de l'Ebre et du
Tibre, le Rhône, le Nil, le Bosphore, le détroit
d'Hercule. Quand Albucius eut deux ans, Pompée
obtint cinq cents galères, commanda cent trente
mille hommes et réduisit en six semaines des
milliers de bouts de bois et d'hommes affamés
qui flottaient.

Deux ans avant qu'Albucius naquît, la route de
terre qui menait de Novare à Milan, la voie
empierrée qui allait de Milan à Rome étaient lon-
gées d'esclaves suspendus. Spartacus mort, Crassus avait fait crucifier le long de la seule via Appia
six mille esclaves prisonniers. Six mille croix
noires le long de la route : les corneilles éplu-
chaient des petits lambeaux de peau des cadavres
après qu'elles les avaient déshabillés avec leur
bec des linges de la décence.

Les esclaves pour être des hommes, les provin-
ciaux pour être des citoyens, les plébéiens pour
manger ont tenté les trois révolutions qui ensan-
glantèrent Rome. La première aboutit aux
Gracques. La deuxième déboucha sur Marius. La
troisième provoqua César. Je cite bout à bout une
fille suicidée, un affranchi tendant au juge quatre
tablettes vaines, un esclave mis au supplice pour
avoir sauvé son maître, un autre crucifié pour
s'être abstenu d'un viol, enfin une arme qui parle
sur une tombe. Je donne par exception un roman
de Papirius Fabianus, parce que je le trouve
admirable.

LE PÈRE TUANT AVEC UN MOT

Demens quod mori filiam coegerit

Durant les guerres civiles, une femme suivit son mari dans le camp opposé à celui où se trouvaient son père et son frère. Son parti ayant été vaincu et son mari égorgé, elle vint trouver son père. Celui-ci refuse qu'elle pénètre dans la maison. La fille lui dit :

— Quemadmodum tibi vis satisfaciam ? (Comment veux-tu que je répare ma faute ?)

— Morere ! (Meurs !)

Il lui tourna le dos. Elle se pendit sur-le-champ devant la porte. Le fils accuse le père pour démence.

Albucius disait :

— Utrae meliores partes essent, soli videbantur judicare di posse. (Lequel des deux partis qui se combattaient était le meilleur, cela tenait dans les mains hasardeuses des dieux.) Accorde le pardon à ta fille, si tu es miséricordieux, à l'édit, si tu es ennemi, à la nature, si tu es père, à sa cause, si tu es juge, à son frère, si tu es irrité.

Le père disait à son fils :

— Ce n'est pas un mot qui a causé sa mort. La simple douleur de perdre son mari l'avait délibérée.

Le fils disait :

— Ton visage était rouge. Tu parlais avec une telle énergie. Tu ne parlais pas à ta fille. Tu tuais avec un mot une âme.

Le père rétorquait :

— J'ai voulu lui faire comprendre l'étendue de sa faute.

Le fils : Elle t'implorait.

Le père : Elle ne baissait pas les yeux.

Le fils : Elle regardait tes bras pour les étreindre, ton torse pour y enfouir son visage.

Le père : J'ai voulu au titre de torture lui infliger l'attente. J'aurais fléchi à la troisième imploration. Tu n'as pas imploré pour elle. Ce que j'avais refusé à l'épouse, je l'aurais accordé à la sœur.

LE PATRON

Patronus operas remissas repetens

Pendant la guerre civile entre César et Pompée, un patron, vaincu et proscrit par Pompée lui-même, se réfugia chez un de ses affranchis. Il se terre dans son fenil. L'affranchi le nourrit et le protège. En échange il lui demande de le tenir quitte des services à caractère industriel (pont, moulin, journées et empierrement) qu'il lui devait. Le patron y consentit par écrit, sur une quadruple tablette en buis. Rétabli dans ses biens, César en Egypte et remontant le Nil, le patron exige de l'affranchi les services coutumiers. Il invoque la violence des guerres civiles et la loi « Per vim » (aux termes de laquelle les actes imposés par violence sont nuls).

— Il y eut la tablette de proscriptions qui m'ôtait la vie. Il y eut les quatre tablettes serviles qui m'ôtaient le patronage.

— Je t'ai sauvé la vie. Je t'ai caché dans un fenil. Tu étais nu et l'hiver venait : je t'ai vêtu et procuré deux couvertures de laine. Tu étais hâve : je t'ai nourri du lait de mes chèvres. Tu étais plein de peurs et tu souffrais d'insomnie : je t'ai donné les bras et la fente d'une servante. Alors tu voulus me remercier. Tu avais les larmes dans les yeux. Tu as demandé une tablette de cire. Tu as pris le stylet. C'est de ton propre mouvement que tu as rédigé ces tablettes et les a scellées de l'empreinte de ta bague.

— Il y avait violence. L'époque était violence. César était violence. La saison était violence, bise, neige. J'ai écrit sous l'effet de ces violences.

— Tu as eu bonne opinion de l'esclave : tu m'as affranchi. Tu as eu bonne opinion de l'affranchi : proscrit, ruiné, pourchassé, tu lui demandes asile. T'ai-je dénoncé ? T'ai-je demandé de l'argent ? Ai-je manqué à mes devoirs d'obéissance et à ceux de l'hospitalité ?

— Nihil est venali misericordia turpius. (Rien n'est plus infâme que de vendre sa pitié.) Tu m'as vendu ta pitié au prix de quatre tablettes de buis.

L'ESCLAVE ET LA CROIX

Crux servi venenum domino negantis

Un homme âgé, malade, les yeux creusés, la douleur au ventre, sans sommeil, désira mourir. Il commanda à un de ses esclaves du poison. Il lui indiqua le lieu où il pouvait se le procurer. L'esclave, qui l'aimait, refusa deux fois. Le maître obtint qu'un autre de ses esclaves le lui fournît et il cessa de hurler de douleur. On porta son corps au feu.

On rompit le sceau du testament. Le maître, par une disposition de son testament, prescrivait à ses héritiers de mettre l'esclave désobéissant en croix. Ils se saisirent de l'esclave. Ce dernier réclama l'intervention des tribuns.

— J'en appelle à la loi Cornélia. J'ai refusé de porter à ses lèvres une boisson qui était nuisible.

— Tu détestais ton maître. Tu éprouvais du plaisir en le voyant consumé par une maladie incurable. Tu prolongeais ses souffrances.

— J'aimais mon maître. Je défendais sa vie.

— Le maître aimait l'esclave. Il l'aima au point de lui préparer le même sort que celui qu'il se réservait. Il prescrit, dans le même temps qu'on mêle du poison pour lui, qu'on dresse une croix pour l'esclave.

— *Etiam ubi remedium est mori, scelus est occidere.* (Même quand la mort est un remède, c'est un crime de tuer.)

— C'en est fini de la hiérarchie civile et du pouvoir des testaments si les ordres des maîtres sont transgressés, de leur vivant, par les esclaves et, après leur mort, par les tribuns.

LE PÈRE FOU

Demens qui servo filiam junxit

Un tyran convoque le peuple au pied du temple. Il déclare qu'il permet aux esclaves de tuer leur maître et de prendre de force leur épouse. Les principaux citoyens s'empressent de s'enfuir, qui dans sa barque, qui sous du bois de chauffage dans une charrette, qui la nuit parmi les troupeaux. Tous les esclaves violent leurs anciennes maîtresses sauf l'un d'entre eux, qui respecte la fille de ses maîtres. Il la caresse sans qu'il la souille. Elle l'aime. C'est elle qui veut se donner à lui : il s'y refuse et ne se consent qu'à sa bouche comme il ne lui donne de joie que par les regards et par la main.

Le temps passe, le tyran est tué dans une embuscade, les principaux citoyens sont de retour. Ils mettent en croix les esclaves qu'ils possédaient autrefois. L'esclave qui n'a pas violé la fille de son maître n'est pas crucifié. Au contraire il est affranchi. La fille l'épouse. Son frère s'y oppose, tout à coup traîne sa sœur en justice, demande la croix pour l'esclave. Devant tous il souhaite que le ventre de sa sœur soit stérile :

— Soror, opto tibi sterilitatem !

Tout le monde tend les doigts après qu'il a prononcé la formule de malédiction. Il dit qu'il aurait admis la présence d'un esclave dotal dans son lit mais qu'il fallait celle d'un citoyen dans le nom de ses enfants. Il plaida qu'en épousant sa sœur, c'est l'esclave dans l'affranchi qui la violait et qu'il méritait donc la mise en croix votée par les principaux citoyens lors du retour. Il dit :

— Il l'a soumise à ses vices et l'a conservée vierge parce qu'il désirait, en plus du con, la demeure.

Il dit aussi :

— L'esclave a attendu que la fille vieillisse et que ses attributs grossissent. Voilez les images des ancêtres ! Il ne viole pas sa maîtresse. Il viole sa femme. O Dieux immortels, ou bien ils se dirigent vers le lit ou bien ils se dirigent vers la croix. O matrimonium omni adulterio turpius ! (O mariage plus honteux que n'importe quel adultère !)

La controverse se terminait de la sorte — qui n'est plus prérévolutionnaire mais pour ainsi dire préchrétienne :

— Si voles invenire generi tui propinquos, ad crucem eundum est. (Si tu veux trouver les parents de ton gendre, c'est sur la croix qu'il faut les chercher.)

Le père arrivait et répondait :

— Caton a bien épousé la fille d'un fermier.

Albucius eut ce très beau passage : « Par nature personne n'est libre ni esclave. C'est le hasard seul qui, dans la suite, a saupoudré ces noms-là sur des êtres... » Albucius Silus présente de la sorte sur une petite tablette de hêtre une minuscule déclaration des droits de l'homme au temps d'Auguste : Neminem natura liberum esse, neminem servum : haec postea nomina singulis imposuisse fortunam... (Les hommes ne naissent ni libres ni esclaves, ni inégaux en droits et en devoirs, ni égaux. Les distinctions sociales sont fondées sur des noms. La liberté consiste à être le moins possible l'esclave d'autrui. L'exercice des droits naturels de chaque homme n'a de borne que cet esclavage à la société où il vit dans les pouvoirs qui le soumettent à elle.)

LES ARMES DU SÉPULCRE

Armis sepulchri victor

Durant la guerre contre les Arméniens, un soldat courageux perdit ses armes au cours du combat. Il se saisit de celles qui reposaient sur le tombeau d'un brave. Il accomplit une action d'éclat puis il remit les armes sur la sépulture. Il est récompensé par le général. Il est accusé dans le même temps de violation de sépulture.

— Arma vix contigeram : secuta sunt. (J'avais à peine touché ces armes : elles m'ont suivi.)

— Ce n'étaient pas des armes offensives mais des dépouilles de gloire.

— Nous nous sommes prêtés mutuellement ce qui nous manquait : lui des armes à un brave, moi un brave à ses armes.

— Un homme brave n'égare pas ses armes dans la mêlée. Un homme pieux ne vole pas les morts. Le fait de restituer n'absout pas le crime. Le violeur a beau restituer à l'époux la femme qu'il a prise de force, la souillure n'en est pas réparée. Les Dieux Mânes sont irrités. Il est nécessaire que nous vengions ce mort. Du bord de l'Achéron un guerrier sans armes nous hèle.

Il y a un admirable roman de Papirius Fabianus sur les guerres civiles. Il est presque aussi révolutionnaire que le *Patron* d'Albucius. Messala Corvinus appelait la plupart des grandes familles sénatoriales des « acrobates des guerres civiles ». Le meilleur exemple fut donné par Dellius qui passa de Dolabella à Cassius, de Cassius à Antoine, d'Antoine à César et qui finalement glissa sa main entre les jambes de Cléopâtre. La déclamation de Papirius Fabianus fut massacrée à coups de sarcasmes par Vibius Gallus. Personnellement, je la trouve très belle — au même titre que toutes ces « déclamations » que des générations d'érudits et de professeurs se sont plu à mépriser et à pourfendre. Le roman de Papirius commence de la façon suivante :

« Des parents se font face, prêts à en venir aux mains. Ces familles sont des armées. Des collines opposées se couvrent de chevaux et d'hommes. En un instant tout le terrain qui les sépare est jonché de cadavres et tous se demandent, au milieu de cette abondance de cadavres de soldats et de chevaux morts et de cette multitude d'hommes qui les dépouillent :

— Qui pousse l'homme contre l'homme ? Le frère lève la main sur le frère, le père sur le fils, le neveu sur l'oncle. Qui sont les bêtes ?

— Les bêtes ne font pas la guerre. Les bêtes féroces ne connaissent pas la guerre des frères et des pères. Se la feraient-elles, les guerres seraient indignes d'une espèce placide, civilisée et voisine des dieux.

— La guerre civile, le parricide, l'infanticide, le fratricide sont des maladies. C'est un fléau des dieux et du hasard.

— Non. Ce sont les trésors qui sont au cœur des hommes. La guerre nous distingue des bêtes. Les œuvres d'art et les désirs ne s'en distinguent pas.

— C'est pour l'or de quelques palais, le ventre de quelques femmes, le front de quelques hommes, les temples de quelques dieux, que tout ce butin s'amasse dans le sang qui ne sèche pas.

— La richesse a corrompu. La gloire aussi a corrompu. La beauté aussi a corrompu. La piété aussi a corrompu.

— Donner à son nom un peu de vie, de marbre ou de mémoire après que le corps a été incinéré, a rendu fous deux hommes.

— Ils ont souhaité l'immortalité pour des mortels, les montagnes et les bois sur leurs tables, les océans sous leurs dents. Les fleuves sont détournés. Les huttes de paille sont devenues des immeubles à étages où on craint de tomber ou de brûler pour enrichir la garde de Crassus.

— César est un enfant qui veut mettre dans le pli de sa toge le monde. Les enfants n'ont que du dégoût pour la poupée qu'ils possèdent. Ils n'éprouvent d'envie impatiente que pour le bout de fil sale qui est dans la main d'un autre.

— Quand César aura le monde, le désir se sera retiré de lui comme une mer sur une plage de la Bretagne.

— Il ne restera que le vide et l'irritabilité où laisse la satiété de tout.

— Il ne restera que le vide et la cruauté sur laquelle un jeu inutile débouche. »

CHAPITRE IV

La beauté des choses sordides

Il parlait trop vite. Il n'improvisait jamais. Il avait trop de tourment à le faire. Sa mémoire était bonne. Pourtant, ceux qui le connaissaient intimement et qui étaient passionnés par son style disaient que le don d'improvisation ne lui faisait pas défaut mais qu'il croyait qu'il lui manquait. C'était le créateur le plus perplexe qui fût et le plus indécis. Ses « sententiae » (ses traits), Asinius Pollio les avait baptisés des « blancs » : ils étaient limpides et éclataient de lumière. Il savait mouvoir les passions (affectus). On pleurait en l'entendant. On riait. On redoutait qu'il vous abandonne au silence. L'intrigue qui passait pour la plus pathétique de toutes celles qu'il a déclamées, disait Arruntius, était intitulée *Potio ex parte mortifera* (Le breuvage plus ou moins mortel). Les auditeurs ne retenaient pas les marques de leur impatience. *Le breuvage plus ou moins mortel* est une espèce d'intrigue policière qui fait songer aux romans d'A.M.C. Christie.

LE BREUVAGE PLUS OU MOINS MORTEL

Potio ex parte mortifera

Lors des proscriptions de Pompée, une femme accompagne son mari proscrit. Un jour, elle se réveille brusquement au milieu de la nuit, la couche vide à son côté. Elle se lève. Elle surprend dans l'ombre de l'atrium son mari en larmes tenant une coupe d'Egypte à la main. Elle lui demande pourquoi il a quitté le lit conjugal et quel était le motif qui lui ôtait le sommeil. Il lui répondit qu'il préférait tomber dans la mort à perdre ses biens. Elle lui demanda ce qu'il était en train de boire. Il lui répondit que c'était du poison pour mourir. Elle le pria de lui en donner une partie parce qu'elle n'envisageait pas de vivre sans lui. Il but la moitié de la coupe. La femme finit la coupe. L'épouse mourut seule, hurlant dans une crise de coliques. Dans le testament qu'elle avait laissé, on vit qu'elle avait institué pour unique héritier son mari. Revenu dans sa patrie, les proscriptions éteintes, le mari est accusé d'empoisonnement par le père de la morte.

— Il est le seul des proscrits que les proscriptions aient enrichi.

— J'aimais ma femme. Elle m'aimait. Il n'est pas pire souffrance que celle où je suis : je survis à la seule personne avec qui j'aimais vivre.

L'argument que présentait Albucius possède la précision des enquêtes anglo-saxonnes de la fin du siècle dernier : « Summis fere partibus levis et innoxius umor suspenditur, gravis illa et pestifera pars pondere suo subsidit. » (Presque toujours le liquide léger et inoffensif reste suspendu à la surface, la partie pesante et mortelle est entraînée au fond par son propre poids.) Albucius résumait l'intrigue ainsi : « Bibit iste usque ad venenum, uxor venenum. » (Lui a bu jusqu'au poison, sa femme le poison.)

Il usait de figures. Il développait les lieux. Albucius a amené le discours des Latins à un état plus riche et plus varié. Quand il se tourmentait trop, quand il rebattait les oreilles de ses proches des hésitations qui le prenaient alors qu'il composait, ce fut toujours pour savoir, non pas comment il devait dire les choses, mais quelles choses il devait dire. Il était accoutumé à dire de lui-même : « Quand mon esprit est occupé de sa chose, les mots l'assiègent. » Sa définition du roman a été notée aussi par Seneca : « Le seul gîte d'étape au monde où l'hospitalité soit offerte aux *sordidissima* », c'est-à-dire aux mots les plus vils, aux choses les plus basses et aux thèmes les plus inégaux. Ce qu'on appelait les « sordes », à Rome, c'étaient tout d'abord les choses sales, puis les êtres sales, c'est-à-dire les pauvres, enfin les habits sales, c'est-à-dire le deuil (au cours duquel il ne convenait pas d'ôter ses vêtements, mais les déchirer dans la douleur ; il ne fallait pas se laver, ni se couper les cheveux ni les ongles des pieds et des mains, ni se faire raser la barbe ni la poncer ni la brûler). Le noir était moins la couleur du deuil que le sale l'indice du désordre de la mort, qui affole les vivants. « Splendidissimus erat : idem res dicebat omnium sordidissimas. Nihil putabat esse quod dici in declamatione non posset. » (Il était très brillant : dans le même temps où il était le plus brillant il nommait les choses les plus communes. Il pensait que tout

pouvait être nommé dans un roman.) Le père de
Sénèque le philosophe lui demanda un jour des
exemples de « sordidissima ». Albucius répondit : « Et rhinocerotem et latrinas et spongias. »
(Les rhinocéros, les latrines et les éponges.) Plus
tard il ajouta aux choses sordidissimes les animaux familiers, les adultères, la nourriture, la
mort des proches, les jardins.

Il y a cinq cent cinquante années Jean de
France, duc de Berry, dans sa haine des marmou-
sets se prit à collectionner des livres d'heures. Il
se dit : « Je vais rafler dans la zone d'enchantement » ; la zone si proche de ce que les Romains
nommaient « sordidissima » et qu'ils détouraient
avec tant de soin sur les pavements des
mosaïques ou sur les parois de leurs fresques ; la
zone si proche de ce que les Anglo-Saxons
appellent « homing » ; des femmes aux tuniques
retroussées très haut devant le feu (et dont on
voit les lèvres secrètes rouges et rebondies) ; des
petits bonshommes qui labourent ou qui taillent
les ceps de la vigne.

Des pêcheurs tendent un filet sur l'Orge. Des
hommes et des grandes filles nus se baignent
dans la rivière les jambes grandes ouvertes
comme des grenouilles. Au premier plan des pies
et des corbeaux picorent quai Voltaire. Un
homme abat des glands pour nourrir ses porcs en
frappant le chêne avec une longue gaule.

Depuis la nuit des temps la plus noire, la plus
nocturne, depuis l'enfance, tout conte digne de
porter ce nom observe cette consigne de ramener
dans la vie ordinaire une ou deux preuves préle-
vées dans la zone d'enchantement : des petits
cailloux, un pain d'épices, un chaperon rouge,
des bonbons, un pudding, des taches de sang au

nombre de trois, des galettes, une goutte d'huile brûlante qui tombe par mégarde. C'est exactement ce qu'Albucius Silus entendait par « sordidissime » : un rhinocéros noir d'Afrique avec un buphaga agrippé sur son dos, l'odeur forte des latrines et les gestes bas qui s'y font, à quoi il ajoutait du pouliot ou le vinaigre. Le roman consistait à ses yeux dans une corbeille de jonc où toute chose abandonnée ou plutôt muette allait être recueillie. Un endroit dans le monde où tout pouvait être nommé. Il n'est pas d'autre miroir de l'intérieur d'une tête humaine qu'un roman. A cet égard la poésie, la philosophie, le théâtre, la musique, la peinture sont piètres.

Il craignait que son crâne nu souffrît du vent. Il éprouvait cette crainte quand il pleuvait, quand il neigeait, quand le soleil d'été brûlait. Il quittait rarement Rome. Dehors on le voyait toujours hâtif, marchant à la saccade, avec son grand chapeau blanc et les deux jugulaires qui bringuebalaient. Il tremblait à l'idée qu'on le prît pour un « scholasticus » (pour un orateur d'école) encore que le chapeau n'indiquât pas ce statut. Il lui semblait que comme il souillait son style il en accroissait le pouvoir. Il dit à un de ses proches : « N'approche pas de ma page. Elle sent les lieux. » Il prétendait qu'il était poursuivi par les mots vulgaires (sordida verba) et qu'il les lui fallait dire.

CHAPITRE V

Alésia

Enfant, je descendais au métro Alésia. Je ne savais pas que je rejoignais la terre meuble au pied de la ville entre les murs des Gaulois et les fossés de César. Il en fut de même des murailles de La Rochelle aux pieds du duc de Richelieu. Les nourrissons comme des larves mangeaient avec les doigts la terre. C'était un amas d'os qui bougeaient entre les lignes ennemies. Je rejoignais ces enfants qui mouraient, m'approchais des femmes récriminant tout bas contre un sort malheureux. Les vieillards rendaient souffle la bouche ouverte sans paroles. Je prenais un ascenseur à parois de verre. La porte de l'appartement de ma grand-mère s'ouvrait. Je tombais sur des savants ou sur des imposteurs. Je saluais Emile Benveniste, Verdun-Louis Saulnier ou je reculais devant René Etiemble ou Albert Dauzat. Grammairien respecté et sarcastique, dans un pyjama pourpre, mon grand-père n'écoutait que la forme de ce qui était dit. Le langage humain n'avait jamais eu de sens. Il haussait les épaules.

Il disait : « C'est bêler. » Il mesurait les vibrations du bêlement. Ses lèvres ne touchaient pas mon front.

Lors du siège d'Alésia, César tarda à empoigner le manteau rouge qu'il était accoutumé de revêtir quand l'heure était décisive. L'armée attendait. Ce manteau superstitieux était le signe de victoire. Tous les attributs qu'aimait César, il les avait dérobés à Pompée. Neuf ans plus tôt, fin – 61, lors de son triomphe de septembre, Pompée portait le manteau d'Alexandre le Grand : il l'a pillé dans le trésor de Mithridate.

Pour l'heure, Pompée dort à Rome : il est tombé de la suffisance au sommeil. César se saisit enfin du manteau du sang. Il l'agrafe à l'épaule. La victoire est là. Il y avait une odeur de tilleul autour d'Alésia. Il fit couper les mains à tous ceux qui avaient porté les armes et qui avaient survécu, disant qu'on avait le plus souvent moins d'habileté dans le maniement des armes quand on avait les mains coupées ou égarées. Le manteau de César est un de ces détails que la vie, qui se raconte comme les romans, requiert à l'instar d'un indice qui caractérise le héros. C'est le panache blanc du roi Henri de Navarre ou la gorge trouée de Guillaume le Taciturne. « Elata laeva, dit Suétone dans la *Vie de César*, ne libelli quos tenebat madefierent, paludamentum mordicus trahens, ne spolio poteretur hostis » : César fuyant, dans les flammes de l'incendie de la bibliothèque d'Alexandrie « nageait à l'aide de la main droite, la main gauche hors de l'eau pour garder au sec des écrits qu'il portait, serrant entre ses dents son manteau de général, pour ne pas laisser ce talisman de la bataille aux mains de l'ennemi ». J'admire ce

« paludamentum mordicus », ce manteau entre les dents. L'attribut est entre les dents, comme notre nom : mordicus. Nous sommes fous et c'est le langage qui nous a faits fous.

César dit : Les hommes n'ont pas d'instinct. Ils ne fuient pas la mort. Ils ne cherchent pas le plaisir autant que leur corps l'exige et jamais ils ne suivent l'intérêt qui les commande pourtant. Ils se tournent du côté où ils sentent la force comme les abeilles vont droit aux sexes des fleurs. Clodius disait : Comme les victimes regardent, immobiles, l'éclat des couteaux. « Au reste, disait César, il est dur de s'affranchir. Les meilleurs d'entre nous sont encore des troupeaux d'affranchis qui regrettent leur âme antérieure et leur plainte. »

C'est en – 58 que l'amphithéâtre accueillit cinq crocodiles et un hippopotame. C'est là qu'Albucius les découvrit. Il avait onze ans et c'est sans doute pourquoi il en parla toujours. Et c'est trois ans plus tard qu'il vit le premier rhinocéros : ramené par César lui-même. En janvier – 58, César fait préparer les livres qu'il compte emporter en Gaule. Cicéron en habit de deuil est poursuivi dans les rues de Rome par les bandes de matraqueurs payés par Clodius. Ils hurlent et frappent. Ils entendent venger les hommes qui servaient Catilina et que Cicéron a mis à mort. Cicéron est blessé par des pierres et couvert de seaux d'excréments humains qu'on déverse sur lui. Le peuple se joint aux bandes de Clodius et crie qu'il a lésé les droits à la liberté. Cicéron quitte Rome. Les Helvètes quittent en masse la Suisse dans le dessein de s'établir le long du golfe de Biscaye. Cicéron se lave dans une grande vasque en pierre grise. Il espère qu'il va se sépa-

rer d'une odeur putride. César détruit le pont qui
enjambe le Rhône.

Il regarda les cinq crocodiles du Nil. Ils tous-
saient, plutôt qu'ils rugissaient, les yeux, les
naseaux, les oreilles ramassés très haut sur le
crâne. Il regardait les mâchoires rectangulaires,
les dents comme des cônes jaunes. A mon avis la
vue des crocodiles rend nerveux. Il s'approcha de
la barrière qui avait été élevée près de l'amphithéâtre, s'approcha de la pupille verte, inexpres-
sive, froide, sombre de cet animal plus anachronique qu'un autre, toujours revêtu de sa cuirasse,
et dont les Egyptiens disaient qu'il pleurait
comme font des enfants abandonnés afin d'attirer les femmes près des berges boueuses. En
français, on dit du crocodile qu'il lamente. Il y
avait un petit crocodile de quarante centimètres
qui suivait sa mère comme un caneton. On avait
creusé un bassin. On voyait affleurer à la surface
de l'eau un peu du crâne bosselé et plat et les
deux yeux aux lourdes paupières. Puis ils remon-
taient sur l'herbe.

Ils se tenaient à l'écart. Ils n'osaient pas
s'approcher de l'immense tonneau de peau grise
et brune, au quadruple menton surmonté d'une
tête à mi-chemin entre le cheval et le porc : l'hippopotame debout, solitaire, broutait du foin.

C'est en – 55 qu'il vit le premier rhinocéros
noir, et c'est à lui qu'il fait appel pour définir les
choses sordides, Albucius a quatorze ans : l'animal avait été amené dans une très grande cage
en bois à six roues, afin de suivre le triomphe. On
glissait entre les barreaux de bois des arbres
entiers, des acacias, des euphorbes d'Inde. Il était
vieux, les oreilles très mobiles, les deux cornes
souillées de sang. Il soufflait avec désespoir dans

la chaleur de Rome, quoiqu'on eût placé le grand chariot près du Tibre. Un petit buphaga marron l'avait accompagné depuis l'Afrique et voletait en criaillant à ses oreilles. Puis il se posait sur le dos de l'animal épais et douloureux, sale (sordidus), et son bec jaune et rouge délogeait les tiques et les mouches sur la peau obscure.

Le 20 septembre – 53 César revint en Gaule. Il est ballotté sur la Manche. La campagne d'Angleterre a été un échec intégral. On pousse la toile de la tente, on tend une tablette de bois : sa fille unique, Julia, est morte en couches. César ne dit pas un mot, jette la tablette dans le petit brasier près de son lit, prend l'habit sordide. C'était l'unique confidente. Parfois Servilia avait ce rôle mais il préférait ses cuisses souples et douces à sa tête. César n'eut pas d'amis. Ni ses contemporains n'en ont communiqué l'existence ni ses ennemis ne l'ont supposée. Recevait-il des confidences de lui-même ? Ceux qui agissent sans cesse dans la fièvre entendent ne rien se dire. L'appétit et l'occasion ne suffisent-ils pas pour lier les ficelles des actes entre elles et pour disjoindre les nœuds de tout ce qui est sur le point de s'enchevêtrer et assujettir ? Cela se sent au bout du pénis, à l'intérieur des mains, au centre du ventre, au-dessus de la pomme d'Adam, au fond de la bouche. Pompée organisa l'inhumation de Julia dans une de ses propriétés. César décida de se venger et promit des gladiateurs à ses cendres. En septembre – 54 il offrit ce sang à sa fille et à l'amour qu'il lui portait. Un lot de crocodiles verts, un hippopotame, un rhinocéros noir, des gladiateurs : les Anciens savaient donner un peu de joie aux ombres qui gémissent après le néant qui ne les a pas encore tout à fait absorbées.

Albucius était plus jeune que Lucrèce ou que Virgile. Il était plus âgé qu'Horace ou que Tite-Live. Lors de la guerre des Gaules, lors du massacre de Genabum, des sièges d'Arvaricum, de Gergovie, d'Alésia, Caius Albucius Silus est monté à Rome et y a terminé ses études. Les cendres de Lucrèce et de Catulle viennent d'être versées dans des urnes. Le 10 janvier – 49, quand César quitte Ravenne, quand il arrive devant le petit ruisseau du Rubicon, quand il cite un vers de Ménandre sujet à un contresens millénaire (« Alea jacta est » ne veut pas dire : « Le sort en est jeté », cela veut dire au contraire : « Je lance une partie dont je ne connais pas l'issue »), Albucius est à Athènes. Quand il rentre à Rome, César gagne l'Afrique. Ils sont tous deux sur un bateau. Ils flottent.

Il avait le goût le plus inconstant qui fût. Il voulait toujours imiter le dernier déclamateur qui avait parlé. Annaeus Seneca rapporte deux souvenirs : « Memini omnibus illum omissis rebus apud Fabianum philosophum tanto juveniorem, quam ipse erat, cum codicibus sedere. Memini admiratione Hermagorae stupentem ad imitationem ejus ardescere. » (Je me souviens que toute affaire cessante il allait écouter Fabianus, qui était deux fois plus jeune que lui ; il s'asseyait à même le pavement ; il prenait des notes. Je me souviens qu'il béait d'admiration devant Hermagoras et qu'il piaffait d'impatience à l'idée de savoir l'imiter.) L'ami d'Albucius poursuit ses souvenirs et les commente de la sorte : « Assidua mutatio. Itaque dum genera dicendi transfert et modo exilis esse vult nudisque rebus haerere,

modo horridus et squalens potius quam cultus,
modo brevis et concinnus, modo nimis se attol-
lit, modo nimis se deprimit, ingenio suo illusit et
longe deterius senex dixit quam juvenis dixerat.
Nihil enim ad profectum aetas ei proderat. »
(C'était un changement perpétuel. C'est pourquoi
en passant d'un style à l'autre, en voulant être
tantôt sec et s'en tenir à la terrible nudité des
choses, tantôt rude et pour ainsi dire négligé plutôt qu'élégant, tantôt bref et précis, en s'élevant
parfois trop haut, en descendant parfois trop bas,
il gâta son talent et parla dans sa vieillesse beaucoup plus mal que dans son âge mûr. L'âge en
effet n'apportait en lui aucun progrès.) Il est vrai
qu'on ne voit pas pourquoi l'âge aurait cet effet.
Je songe aux livres de Henry James, ou à ceux de
Montaigne. J'ajouterais le nom de Virgile si Virgile n'avait pas désiré tout détruire. En vieillissant ces plumes se sont empirées. Il y a un tara-
biscot de l'âge. Même Haendel. Même Johann
Sebastian Bach. Il y a néanmoins de prestigieux
exemples de cette règle que Sénèque le vieux sug-
gère. Je reviens à C. Albucius Silus. Très jeune,
cette inclination pour les mots les plus précis, les
plus blessants, les plus vrais, cette délibération
acharnée de ne pas se payer de mots habitaient
déjà Albucius et elles m'en font à jamais un
maître dans la résolution où je me tiens. Ce point
étonnait avec d'autant plus de force les contemporains d'Albucius Silus que les Anciens étaient
persuadés que l'adolescence était un âge qui
répugnait « non tantum quod sordidum sed quod
sordido simile est » (à tout ce qui est bas et tout
ce qui a l'air d'être bas). Cet âge préfère la pru-
derie, les idées, les modes, les ornements. Il
aimait la rue. Il aimait jusqu'à l'odeur assez mal-

odorante que dégagent les fleurs jaunes qui la
surmontent. Il aimait le vin vieux pour peu que
les amphores fussent bouchées au plâtre. Sans
quoi il le préférait jeune et aigre. Il disait qu'il
aimait entendre le bruit que font sur la terre
sèche les lourdes pantoufles ferrées en cuir des
paysans de Gaule cisalpine. Il aimait ce souvenir.

CHAPITRE VI

Enigmes policières et intrigues sadiques

A cheval, César aimait croiser les bras dans le dos et mettre la bête au galop à l'aide de ses cuisses. Au contraire d'Albucius : jamais de chapeau ni même la tête couverte sous la pluie. Il haïssait qu'il n'eût plus de cheveux sur le sommet du crâne. Il franchissait les fleuves à la nage ou en s'entourant d'outres gonflées d'air. Ou la main droite hors de l'eau pour préserver de son contact des livres qu'il aimait. Je tiens hors de l'eau du temps des intrigues qui sont singulières. Je veux donner à la suite quatre de ces énigmes policières ou de ces récits qui font songer à l'excitation qui gagnait à la fin du XVIIIe siècle français Donatien de Sade. J'ai le souci que ce récit d'une vie soit aussi le recueil des plus beaux romans.

LA MURAILLE MARQUÉE D'UNE MAIN SANGLANTE

Paries palmatus

Un citoyen était âgé de cinquante ans et était veuf. Il avait un fils aveugle d'une trentaine d'années qu'il avait institué son héritier. Il se remaria. Il fit construire un appartement à la fois éloigné et séparé où il logea son fils.

Une nuit, comme il était couché avec sa femme, il fut tué. Le lendemain, au jour levant, on entendit le cri de la femme. On vint, on trouva l'épée de son fils qui était demeurée enfoncée dans le corps. La muraille qui conduisait de la chambre à coucher du père à celle de son fils était marquée d'une main sanglante, répétée tous les deux ou trois pas.

Albucius disait :

— La main de sang suffit à prouver que ce n'est pas le crime d'un aveugle. Qui peut assurer celui qui ne voit pas de ce qui sera visible ?

La belle-mère disait :

— A qui profite ce mort ? Au seul héritier. Je n'ai que mes larmes.

— Cette main est trop réitérée sur ce long espace comme si elle avait redouté de ne pas donner suffisamment connaissance de l'identité de l'auteur du crime.

— Je dormais. A l'aube, je pose ma main sur une mentule molle et glacée. Je hurlai.

— Un meurtrier ne se sert pas volontiers de l'arme qu'il possède. Même aveugle, il ne la laisse pas fichée dans le corps de la victime. Enfin, un aveugle dont les mains sont toujours errantes et mal assurées ne perce pas d'un seul coup, sous le téton, un cœur.

— Je n'ai rien entendu tandis que je dormais contre son flanc.

— Au reste, quand le coup est donné directement au cœur, et l'épée maintenue, le sang ne vient pas aux mains et les mains ne marquent pas les murailles comme autant de caractères au minium qui composeraient un nom. Comment l'assassin aveugle aurait-il su de quel dormeur il s'agissait sans qu'il le touchât et sans que ce contact l'éveillât ?

— Je dormais.

— Il y a des sommeils dont la profondeur étonne.

L'accusation finale contre la femme était due à la quantité constante du sang imprimant de façon égale la main accusatrice sur la muraille. Cette main ne cessant de porter plus avant une trace plus vive impliquait, dans la version d'Albucius, l'existence d'un seau plein de sang et d'une main sans cesse replongée et ruisselante.

L'ENFANT DE CINQ ANS

Quinquennis testis in procuratorem

Un enfant de cinq ans étreint sa mère qui meurt. Le père se remarie. La marâtre se donne à l'intendant. On retrouve le père tué dans la chambre à coucher. La marâtre désigne le fils. Le fils désigne l'intendant avec le doigt. Comme il n'est pas en âge de parler, il dessine une lampe à huile.

Albucius commençait de la sorte la déclamation :

— Etiam infans loquitur. (Même un non-parlant parle.)

Albucius Silus posait une question qui fut souvent reprise par les déclamateurs qui l'ont suivi. *L'Enfant de cinq ans* est le premier roman qui présente cette question : « Cujus vis levissimum esse somnum ? Pueri an senis an mediae aetatis ? » (A qui croyez-vous le sommeil le plus léger ? Aux enfants ? Aux vieillards ? Aux personnes d'âge mûr ?) Albucius, quant à lui, répondit :

— Pueri. (Aux enfants.)

Il eut ce trait : « Ils sont trois dans la chambre à coucher : le père que tu tues, l'enfant que tu hais, la mère que tu fous. » Sénèque condamne ce trait d'Albucius. Il loue en revanche le trait de Blandus quand il décrivait la scène au cours de laquelle l'enfant désigne l'intendant : « Digitum multa significantem ! » (Un doigt qui en disait long !)

LE BLÉ DES CADAVRES

Cadaveribus pasti

Une cité romaine tomba dans la disette. Les édiles donnèrent commission à un des principaux citoyens de quitter la cité et d'acheter du blé au-delà de la mer, dans un délai de vingt jours. Le citoyen part, aborde la côte africaine, achète du blé, l'embarque, appareille. Une tempête se lève et contraint d'aborder dans un autre port. Il y vend le grain le double de ce qu'il avait coûté, cabote en direction du port dont il vient, achète une quantité double de blé, entasse les sacs, traverse la mer, aborde enfin au terme des vingt jours.

Pendant son absence, les citoyens avaient été

réduits à des extrémités qui étaient inhumaines. Dans la rage de la faim, ils mangèrent les corps des morts. Les cuisses des enfants étant plus affriolantes, elles atteignirent des prix considérables. Ils avaient conçu du regret de traiter leurs parents comme des viandes et de faire de leur ventre le tombeau de leurs mères, de leurs fils, de leurs pères, de leurs aïeux. Ils disaient :

— Que la faim est une chose étrange ! A quels excès, ô âmes nombreuses qui gargouillez dans nos boyaux, nous pousse ce besoin des mâchoires, puisqu'elle fait renoncer si rapidement à l'humanité. Ce besoin nous a fait tomber plus bas que la bestialité elle-même : on dit que les bêtes répugnent à porter leurs crocs sur les cadavres de leurs semblables. Toi qui nous reproches d'avoir mangé ta mère et tes deux fils, tu spéculais sur les cours du blé. Les individus les plus agonisants cherchaient des lieux écartés pour éviter d'être découpés et cuits. Nous étions une cité des enfers. Nous faisions la moisson de l'homme tandis que tu empilais les sacs de céréales dans la cale de ton navire. Tu as offensé la République en tardant. Tu dois mourir. Nous devrions te manger.

LES MENDIANTS ESTROPIÉS

Mendici debilitati

Un homme recueillait les nourrissons que leur mère avait exposés. Il les estropiait. Il les nourrissait. Puis, quand ils étaient en âge de se tenir seuls dans la rue, il les mettait à mendier. L'homme prélevait aux deux tiers sur les gains. Des parents, qui avaient exposé à la mort leur progéniture, l'accusèrent : ils se plaignaient de ne plus reconnaître l'aspect de ceux qu'ils avaient abandonnés. Ils l'accusèrent aussi de léser la République puisque ces revenus de la cruauté lui revenaient de droit : ces membres estropiés ôtaient à la guerre autant de soldats.

Dans le roman d'Albucius, on voit les aveugles qui viennent s'appuyant sur un bâton, les manchots qui viennent et qui tendent à la vue de tous des moignons. Des doigts de pied arrachés, des jambes rompues, des bosses disent :

— Tu mendierais s'il n'y avait pas de mendiants.

Le chef des mendiants répond :

— Je suis leur sauveur. Seules les mères des enfants avaient des pensées meurtrières.

Les mères des mendiants réclament contre lui :

— Tu es un briseur d'os. Tu es cruel.

— La cruauté, c'est la captivité d'un citoyen dans le rire.

— On ne rit pas en voyant ces êtres. On pleure sur ton insensibilité.

— Vous qui les aviez conçus, vous les aviez voués à la mort. Je les ai nourris et élevés. On me punit.

— Ce n'est pas une pouponnière. Sed humanarum calamitatum officinam. (C'est un atelier des misères humaines.) Tu lies et contraries la nature. Tu ôtes des orbites des enfants des yeux ronds et colorés.

— Je fais vivre des morts. Je sculpte des cendres.

« Perissent ! » (Ils seraient morts !) Tel est le mot qui fait le refrain de la version d'Albucius. « C'est à des enfants exposés que le peuple romain voit remonter son origine. Surge tu, debilis ! Conatur et corruit. » (Lève-toi, l'estropié ! Il essaie et il retombe.)

Le romancier Arellius Fuscus traitait le même roman à partir du personnage du mendiant muet : « Praecidatur, inquit, lingua : genus est rogandi rogare non posse. » (Qu'on lui coupe la langue, dit-il : c'est une manière de demander que de ne pas pouvoir demander.) Je m'arrête sur cette phrase d'Arellius : « Genus est rogandi rogare non posse », que je trouve extraordinaire. Il me semble que c'est ainsi que sont construites nos vies. Par ce que nous ne savons pas dire, nous demandons. Arellius touche là à une profondeur qu'Albucius n'atteint pas. Tout ce qui est nous, tout ce qui nous paraît dans nos comportements profondément nous-mêmes, est peu nous-mêmes en nous, dont la vraie identité est suspecte, à supposer qu'elle ne soit pas un roman que nous nous narrons dans la maladresse des soirs et dans la précipitation des crises d'angoisse. Tout notre comportement est une sébile tendue par un muet. Les quelques mois qui précèdent la naissance et les quelques mois qui la suivent sont assez estropieurs. L'instant où le plaisir, une goutte et un râle sont tirés de nous n'est pas un comportement singulier. Si j'avais eu le malheur d'être né romain et qu'on m'eût demandé de traiter ce roman, j'aurais fait dire au chef des mendiants : « Je ne suis que l'aumônier de l'aumône ! Leur mère ouvrait les jambes. » Arellius disait : « Tu n'es pas muet pour ne rien recevoir. Comment aurions-nous été dignes d'attirer la pitié si nous avions été complets et heureux ? La mère ne s'approche du berceau de son enfant qu'à l'instant où il pleure. Où est le bonheur qui attirerait la mère ? C'est parce qu'il était heureux qu'elle l'a

exposé. Pour qu'une femme vous aime, offrez-lui
la croûte rouge d'une coupure. Estropiez-vous. »
C'est le mot de Gavius Silon :

— Hic non facile stipem impetrat : etiamnunc
aliquid detrahatur ! (Celui-ci a beaucoup de difficulté à obtenir une pièce de monnaie : qu'on lui
ôte encore quelque chose !)

— Il ne tue pas. Il sauve. Il enseigne l'art
d'implorer. Il dit : Assiège les passants par ce que
tu n'as pas !

— Une louve a donné ses tétines aux deux premiers enfants.

— L'Etat a eu à subir un préjudice qui est très
grave : l'un de ces enfants aurait pu devenir
imperator.

— Il aurait pu devenir sacrilège.

— On ne porte pas de critiques à l'encontre
des petits chanteurs dont on ôte les bourses.

— Au moins ces enfants sont élevés et sous
leurs doigts sont tendues les cordes mélodieuses
de la lyre.

Labienus montrait le chef des mendiants assis
devant le carnet en bois où il notait les gains de
chaque jour et les mendiants passaient à la
queue-leu-leu devant lui et ils parlaient à tour de
rôle. Ovide, traitant cette intrigue, disait : « Il
éprouve le plaisir de Priam après la mort d'Hec-
tor. » Sparsus, traitant ce même roman, fut
condamné pour ce mot : « Prodierunt plures
mendici quam membra. » (On vit s'avancer plus
de mendiants que de membres.)

CHAPITRE VII

Le pays où les éponges se brisent

Ce furent l'inquiétude et aussi un sarcasme qui l'écartèrent du forum et qui le détournèrent à jamais des causes réelles au profit des causes imaginaires auxquelles il consacra le reste de sa vie. Lors d'une affaire plaidée devant les centumvirs, comme on arguait que le serment avait été déféré autrefois par son adversaire, Albucius Silus introduisit une figure qui fit retomber sur celui-ci tous les crimes. « Placet, inquit, tibi rem jurejurando transigi ? (Tu veux, dit-il, terminer le débat par un serment ?) Jure, mais c'est moi Albucius, qui dicte la formule. Jure par les cendres de ton père que tu n'as pas ensevelies. Jure par la mémoire de ton père que tu n'as pas conservée. Jure, etc. » et il mena le développement jusqu'au bout. Quand il eut terminé, L. Arruntius se leva pour la partie adverse et dit : « Accipimus conditionem. Jurabit. » (Nous acceptons la convention. Mon client va jurer.) Albucius criait : « Non detuli conditionem. Schema dixi. » (Je n'ai pas proposé de conven-

tion. C'était une figure.) Arruntius insistait. Les
centumvirs, comme on était au point de
conclure, cherchaient à se hâter. Albucius hurlait : « Ista ratione schemata de rerum natura tol-
luntur. » (A ce compte on bannit de ce monde les
figures de rhétorique.) Arruntius répondait :
« Tollantur. Poterimus sine illis vivere. » (Qu'on
les bannisse. Nous pourrons vivre sans elles.)
Albucius répondait : « La rhétorique, c'est le sang
qui court sous la peau de votre visage. C'est la
lueur qui éclaire vos yeux. » L. Arruntius, durant
ces cris, prenait à partie la foule qui les entourait et disait avec de grands yeux ronds et l'air
innocent : « Avez-vous vu l'homme dont la tête
est un schème ? » Enfin les centumvirs prirent la
parole et dirent qu'ils prononceraient en faveur
de l'adversaire d'Albucius à la condition qu'il
jurât. Albucius ne put supporter cet affront mais,
dans sa colère, il s'en prit à lui-même et jamais
plus il ne parla au forum. C'était en effet un
homme d'une probité qui était extrême et qui
s'entêtait. Incapable de commettre ni de souffrir
une action injuste, il avait coutume de répéter :
« Quid habeo quare in foro dicam cum plures me
domi audiant quam quemquam in foro ? »
(Qu'ai-je besoin de parler au forum puisque j'ai
chez moi plus d'auditeurs que n'importe qui au
forum ?) Je parle quand je veux, je parle aussi
longtemps que je veux, je défends la personne
que je veux. J'écris : « Cum volo dico, dico quam-
diu volo, assum utri volo. Scribo. » Si je cite si
longuement le texte latin, ce n'est pas seulement
pour procurer du plaisir à celui qui aime cette
langue, ni pour impatienter celui qui l'ignore
dans des assauts de pédanterie. Je le fais
lorsqu'une force et une promptitude plus grandes

s'y produisent sans qu'on puisse les traduire, et qui se voit sans comprendre, ne serait-ce que par le nombre des mots et la quantité des syllabes. Il y a du plaisir à montrer ce qu'on aime. J'assure que dans le même temps il ne se trouvera pas un mot latin dans ces pages qui ne sera traduit aussitôt après qu'on l'aura lu. Je suis de ceux qui pensent qu'on ne pourra pas accroître la distance entre la main qui écrit et les yeux qui lisent : elle est toujours infinie. Cette main et ce regard ne sont jamais d'un même corps. Quoique Albucius ne l'avouât pas, ce qu'il aimait, dans les romans, c'est qu'il pouvait sans danger y introduire des figures.

Il n'aimait pas qu'on le raillât. Mais il ne contrôlait pas la porte de chez lui. Il ne connut pas souvent la fortune. Il connut la gloire au cœur de la Gaule : à Milan. Et même au cœur de l'Italie : à Rome. Même lorsqu'il avait parlé admirablement il ressentait de la honte, si bien qu'il n'y avait pas de temps où il fût heureux. Il se plaignait qu'il n'y avait pas de dieux ni d'hommes qui le secourussent. Pour les femmes, il n'était pas question de parler d'elles devant lui après ce qu'il en avait connu et les déboires qu'il avait subis et que Cestius rapporte, ni des grives, ni des chats d'Egypte. On pouvait parler devant lui des juments et des chevaux. On pouvait s'étendre sans compter le temps sur tous les animaux de l'Inde et de l'Afrique. Il avait une volière. Il posséda un grand marabout à gorge rose. Il était seul. Il vécut sans épouse durant les vingt-six dernières années de sa vie. Lui assurait-on qu'une des scènes qu'il avait développées était belle qu'il se demandait à haute voix devant tous si on

n'était pas en train de lui monter un mauvais tour
et de surprendre sa vanité.

Il est exact qu'il avait un ennemi ou du moins
un railleur régulier. Il ne s'est pas trouvé beaucoup d'occasions où Cestius a manqué à se
moquer de lui. « Mordacissimi hominis » : Cestius était le plus mordace des hommes. Albucius
avait dit dans une controverse privée chez une
patricienne qui habitait sur le mont Viminal :
« Quare calix si cecidit frangitur, spongia si cecidit non frangitur ? » (Pourquoi un verre se brise-
t-il en tombant tandis qu'une éponge, en tombant, ne se brise pas ?) J'ai déjà dit le goût
particulier qui portait Albucius vers les éponges
et les rhinocéros. Cestius dit : « Ite ad illum cras.
Declamabit vobis quare turdi volent, cucurbitae
non volent. » (Allez chez lui demain : il décla-
mera sur la question de savoir pourquoi les
grives volent et les citrouilles ne volent pas.)
Comme Albucius avait dit, à propos du frère qui
exposa aux flots, dans une barque sans agrès, son
frère condamné pour parricide : « Imposuit fratrem in culleum ligneum » (Il mit son frère dans
un sac en bois), Cestius, avant de plaider la
même controverse, sur laquelle il était le sixième
à rivaliser, exposa l'intrigue en ces termes : « Un
certain frère, à qui on avait confié le châtiment
d'un certain frère, condamné par leur père au tribunal domestique sur l'accusation de leur belle-
mère, l'exposa sur un certain sac en bois. » Le
mot fut accueilli par de grands éclats de rire.
Mais à lui non plus la déclamation ne porta pas
bonheur et, comme l'auditoire ne le louait pas
avec chaleur, il s'écria : « Nemo imponet hos in
culleum ligneum, ut perveniant nescio quo terra-
rum ubi calices non franguntur et spongiae fran-

guntur ? » (Personne ne les embarquera donc sur un sac en bois qui les mènera dans le pays inconnu où les verres ne se brisent pas et où les éponges se brisent ?)

Nous n'avons pas conservé l'entièreté du roman d'Albucius qui contenait ce thème. Il était intitulé *Le chef des pirates* (Ab Archipirata filio dimissus). C'est cette image du Romain qui m'a poussé à rédiger ces pages et elle conserve sur moi un attrait qui ne s'altère pas. J'imagine Albucius comme un moine zen échoué dans Rome, parmi les joncs du Tibre. Je l'imagine aussi comme un sagaman accostant l'île que César convoitait et qui fait face à la Bretagne. Selon la version de Seneca, il disait : « Il y a une cinquième saison. » Selon Cestius, c'est un « pays inconnu » dont il s'agit. Selon la version qu'en a donné Pollio : « Il existe une cinquième saison, dit Albucius Silus, où les éponges se brisent, où les verres sont souples et feutrés, où les choses impossibles sont possibles. » Je peux porter le témoignage que cette cinquième saison existe en vérité puisque c'est celle où je me souviens d'Albucius Silus.

CHAPITRE VIII

La cinquième saison

On raconte qu'il n'est pas de saison plus courte qu'un été scandinave. On dit que c'est une affaire d'heures. A mon avis c'est la saison et c'est la terre qu'on n'envisage pas de connaître sans un chapeau à jugulaires. C'est la très brève saison sempiternelle où l'on ne sent pas passer le temps comme lorsque les enfants jouent. Ils poussent un petit chariot dans la poussière. Ils font mouvoir leurs lèvres en les avançant. Ils sont quelque chose dans l'univers qui n'est pas eux et qui n'est pas pourtant distinct d'eux ni de l'univers. Les livres aussi sont des bruits de lèvres fermées qu'un souffle expiré force.

Les régions polaires connaissent des nuits qui durent vingt-quatre heures et des aubes que le crépuscule éteint aussitôt. Ces longs espaces blancs, indemnes et sculptés connaissent des jours qui durent des jours et des nuits qui surgissent pour s'engloutir en quelques secondes. Ces terres sont sujettes à un dégel de deux à quatre jours, parfois d'une trentaine d'heures, qui ne laisse pas le temps aux arbres d'atteindre la taille d'une petite fleur. Ni même le temps à une jacinthe de se rêver une petite clochette bleue et minuscule qui téterait la lumière. Les érudits et les honnêtes hommes ont beaucoup commenté la formule d'Albucius : « Il y a une cinquième saison. » Quand le romancier romain soutient qu'une cinquième saison existe, ils s'accordent pour entendre : « Il y a quelque chose qui n'appartient pas à l'ordre du temps et qui pourtant revient chaque année comme l'automne et comme l'hiver, comme le printemps et comme l'été. Quelque chose qui a ses fruits, et qui a sa lumière. » Un autre mot (cité par Seneca) du romancier le souligne : « Sordidus infandus », qu'on peut traduire : « Ce qui est sale est interdit », mais qu'on peut aussi se plaire à entendre : « Le sordide est l'enfant. » Il s'agit d'une vérité commune : la naissance, l'enfance sont sales. En passant les lèvres d'une femme qui devient peu à peu en hurlant elle-même une mère, un tout petit animal à la peau rebondie et visqueuse hurle dans le sang, les fèces et l'urine de la femme. Les jours qui précèdent la naissance et ceux qui lui succèdent forment par eux-mêmes une saison que les anciens Romains nommaient le « non-parlant ». Il fallait additionner neuf mois lunaires plus dix-huit mois sans langage à proprement parler humain et ces trois fois neuf mois font toute l'empreinte du petit d'homme. La somme de ces jours fait plus de deux années d'extrême aurore non pas silencieuse, aurore hurlante donc, mais telle que les anciens Romains la nommaient « infantia », que les anciens Grecs traduisaient par « alogia » et qu'ils plaçaient dans une situation inférieure à

celle qui illumine le ciel de l'étranger ou du bar-
bare, qui sont presque des hommes. Animalité
assidue au contraire qui imprègne nos vies et les
destine dans le silence de l'enfance et dont
l'amour — l'amour sans saison — est le vestige
tour à tour touchant et angoissant. Quand Albucius dit : « Il y a une cinquième saison », il ren-
voie à cette véritable avant-saison qui erre furtivement toute la vie, qui hante les saisons
calendaires, qui visite un peu les activités du jour,
souvent les sentiments, toujours le sommeil, par
le biais des songes et des récits auxquels ils abou-
tissent dans cette espèce de souvenir verbal qu'on
retient d'eux, en lui ôtant toute luminescence et
toute fièvre. Saison où se cultivent les amours, les
nourritures, les comportements de chacun, les
sensations ambivalentes, les jeux de rôle des
enfants la main sur un chariot ou bouche bée
devant un rhinocéros — bref les « sordidissima »
d'Albucius, bonbons, comptines, épluchures,
sexes, pouces sucés, jouets, salissures plus ou
moins épongées, gros mots ou mots inopinés.
Saison qui est étrangère non pas à tout langage
mais au tout du langage, étrangère au langage
comme discours, étrangère à toute pensée très
articulée, étrangère à tous les genres littéraires
constitués et de ce fait secondaires et qui
débouche, simplement par défaut, sur un genre
qui n'est pas un genre, plutôt un dépotoir, une
décharge municipale du langage ou de l'expé-
rience humaine nommés dans la Ville, à la fin de
la République et sous l'Empire, « declamatio »
ou « satura », nommés plus tard, au cours du XIe
et du XIIe siècle en France, du nom très romain
de roman (*Le Roman de Renart* et ses branches,
le *Roman d'Alexandre* et ses alexandrins...) et qui

ne s'éloignent jamais tout à fait de ces lambeaux de langage, de ces éponges de mer imprégnées du lexique le plus bas, de ces torchons de récits qui ne cessent d'essuyer sans cesse nos vies, à chaque heure de nos vies, dans une petite rumination misérable et obsédée.

Je découvre que je ne parle plus d'Albucius. Ce chapitre est une soudaine digression. Je ne romps pas cette digression. Je noue. Je ne prête pas des réflexions impossibles à un romancier romain du Ier siècle avant Jésus-Christ : je crois qu'il les a pensées. J'accentue la réflexion même qui domine ces pages : cette étonnante cinquième saison inventée par Caius Albucius Silus ne se résume pas à cette seule avant-saison infante ou primaire ou animale qui erre sans cesse en nous : elle est le passé même en nous. Saison qui est en nous-mêmes l'inaltérable Antique. C'est Ur dans les sables du Bas-Euphrate. Grandes tombes d'Ur-Nammu ou de Shulgi aux mille petites briques empilées, crues sous le soleil, crues et jaunes. Inaltérable fondation de nous-mêmes dans les ruines du non-langage en nous. Chemin d'argile jaune en nous-mêmes vieux comme les chemins mais toujours plus récent, si vieux qu'il puisse être, que la forêt qu'il a rongée. Dans le monde un chemin ou une route ne sont jamais que les traces des herbes refoulées. Chemin, herbe invisible que le sabot d'une bête ou le talon d'un homme a réenfouis dans la non-vie et la boue. Encore que ce soit la bête qui, en nous, nous talonne. Et quoique ce soit l'homme qui « sabote ». Narration piétinante que creusent en nous le désir de la proie et la peur de devenir la proie. Cela peut se dire : le désir et la mort. Cela peut se dire de façon moins vague : ou bien prendre entre les deux mâchoires et broyer en faisant couler le sang sous la pression des molaires, ou bien tomber dans la mâchoire d'un prédateur plus puissant que soi et y hurler en périssant. Eternelle narration en effet plus vieille que les chemins que creusent les troupeaux de ces proies sur leur passage. Défilé passionnant dont les premières images sont peintes dans les « atrium » des cavernes. Piétinante narration aussi vétuste et pour ainsi dire aussi obstinée et maniaque que la danse des abeilles qui rapportent, avec leur récolte, le récit codifié du chemin qui menait aux petites proies coloriées des fleurs.

Albucius plaçait cette cinquième saison entre quinctilis et sextilis — entre ce qui deviendrait Julius et ce qui deviendrait Augustus. Entre juillet et août. Nous sommes dans l'anachronie et les rêves. Je poursuis cette saison qui n'est pas. Je prends conscience que je n'ai pas résumé le roman où elle a pris naissance. Aucun des romans de Caius Albucius Silus n'a été intégralement conservé. Il s'en trouve peut-être une collection sous une brique jaune dans un coin du désert. Seneca et Pollio ont noté des passages dans leurs livres d'extraits. C'est encore un roman marqué par la guerre des pirates. On comprend la fidélité d'Albucius, toute sa vie durant, à la mémoire de Pompée. On comprend le dégoût qu'il essuya de César parce qu'il le provoquait.

LE CHEF DES PIRATES

Ab Archipirata filio dimissus

Lors d'une attaque en mer, un père est sauvé par le fils qu'il avait condamné à mort pour un faux inceste. Le fils devait être jeté à la mer dans un sac. Lors de l'abordage le père le découvre soudain chef des pirates. Il interroge son fils :

— Qui es-tu ? Es-tu l'ombre de mon fils mort ? Une ombre vient-elle me sauver ?

— Je suis ton fils vivant.

— Je te préférais mort que pirate.

— Tu m'as toujours préféré mort.

Le père se retourne contre le frère puîné.

— Comment se peut-il faire que ton frère vive ? Je t'avais ordonné de le coudre dans un sac et de le jeter à la mer.

— Mon père, je l'ai mis dans un sac en bois et qui flottait.

Les arguments qu'Albucius plaçait dans la bouche du frère puîné parurent trop ingénieux et choquèrent les Anciens. Cestius s'en est longtemps moqué. Le fils disait dans le roman d'Albucius : « Le tort des sacs cousus est qu'ils continuent de gémir. J'ai préféré confier mon frère à une barque et laisser le soin de la mort au naufrage. » Le père s'exclamait : « Potes audire inclusi filii gemitum ? » (Il y a partout des gémissements de fils sous les choses.)

Le chef des pirates avait cette plainte admirable : « On ne peut pas mettre son espérance dans les sacs. On ne peut pas mettre son espérance dans les gouvernails. On ne peut pas mettre son espérance dans les rames. On ne peut pas mettre son espérance dans les pères. On ne peut pas mettre son espérance dans les naufrages. »

Là où Quintus Haterius avait bâti une scène grandiloquente pleine de nuages bleus, d'éclairs blancs, de fracas d'orage, de vagues écumantes, de vaisseaux qui chavirent, Albucius Silus fut plus sobre : « Il y eut un ouragan. Le fils fut épargné sans qu'il connût la peur. On lui demande pourquoi il était resté le cœur et le corps impassibles. L'archipirate dit : « Là où il n'y a qu'un débris il n'y a pas de naufrage. Je suis un débris (fragmentum) dans l'affection de mon père. »

Lors de la scène qui terminait la déclamation, Albucius reprenait la formule. Le père s'exclame : « Quoi ! Le fils que j'avais fait jeter dans la mer dans un sac était devenu chef de pirates ! »

Le fils répondait : « Là où est le naufrage, là est le peu de royauté que tu m'as consenti. Plus que les galères et les barques, ce sont les débris qui règnent sur la mer. »

Cette cinquième saison est ce débris qui règne. Elle est ce « fragmentum » d'un « totum » qui n'est pas. On appelait « totum » le dé gagnant. Nous disons encore « toton ». Et il est vrai que cette saison est toujours le témoin d'une éternelle tempête. C'est la division d'un corps en deux. Puis d'une âme en deux. Puis la division de cette âme et de ce corps par l'invasion du langage. Elle est bien la relique d'un naufrage. Le fils répondait : « Là où est le naufrage, là est le peu de royauté que tu m'as consenti. » Il faut ajouter : « Plus que les galères et les barques, les regards impérieux et les gifles, c'est un débris de mère qui règne sur un enfant qui coule. »

Alors cette saison cesse d'être un passé. Du moins elle ne se résume pas à l'avant-saison incorruptible en nous. Elle n'est pas seulement le passé absolu, le passé pur ni Ur au fond de nous : elle est la saison qui est juste à la limite du temps lui-même. Juste avant le temps et juste à la limite du passé. Saison qui est le vide du temps, qui est le vide d'elle-même — du moins le vide où elle se précipite. Saison qui est celle de ce que les enfants nomment les « vacances ». Saison qui est la vacance même dans ce sens enfantin et presque silencieux. Vacance si vacante parfois que la détresse de temps à autre l'accompagne — qui n'est que le nom du désir ou du guet pour celui qui a perdu l'enfance en lui. La langue française use du tour « être de saison » au sens d'être à propos. Ce qui n'est pas de saison, c'est ce qui n'est ni opportun quant au temps ni obligeant quant aux êtres. Saison qui n'est jamais de saison et qui visite les hommes. Saison parasite et qui forme des poches ou des trous dans l'univers du temps. Ces trous ont nom la lecture, la musique, l'« otium », l'amour. Une autre durée très anachronique les gouverne et suscite autour d'elle des espaces plus ou moins réels et déréels, des champs de détente, des « amnion » linguistiques, des nids ou des îles ou des repaires qui sont, dans le même temps, fictifs et subsistants. Ces espaces déréels ont nom les « templum », les théâtres, les salles de concerts, les cabinets d'amateur, les lits, l'étrange « territorium » de la page des livres, le sexe que le désir développe ou le bout du ventre si doux de la personne qu'on aime.

C'est la seule chose qui alors est de saison. C'est la caresse de ce corps, et le murmure que j'en tire peu à peu ne vient pas de la langue mais de l'avant-saison. Cette terre est une île invisible qui ne cesse de demeurer invisible. En octobre 1492, un homme a reçu le titre héréditaire d'amiral de la mer océane. Il s'appelle Cristobal Colomb. Il dit « Inde » pour désigner ce que les moines de Saint-Dié nomment « Amérique ». Il parle. Il dit à tous : « Je veux tenir entre mes doigts l'or du couchant. » Personne ne l'écoute. Il ajoute : « Et vous le rapporter. » Tous les coffres s'ouvrent. Mais, du gras de ses doigts, il ne touche que la couleur de ses doigts. Il cherche un cinquième continent au-delà de tout ce qu'il découvre. Le lieu si fin et si précis qui surprend le plaisir soudain et qui l'arrache en nous sous la forme d'un petit râle n'est que le fruit du désir d'un autre être qui désire. C'est pourquoi la nudité ne peut être exhibée mais prise. C'est à qui aime de dégager ce peu d'espace qui n'existe pas sur le corps de qui aime. C'est une langue de sable inconnue de l'autre côté inconnu de la mer. C'est un bout de peau insituable qui est la douceur même et ce dieu est un dieu sans image. C'est le sexe. Du moins tel est le nom qu'on donne à ce lieu qui se voit si difficilement. Notre peau est toujours ignorée. Le sexe féminin a trois fonctions et le sexe masculin a deux fonctions mais ce lieu est le même. C'est le centimètre carré de peau du plaisir. C'est bien une saison plus courte qu'un été scandinave. Mais c'est bien un été.

CHAPITRE IX

Spuria

A Rome, Albucius habitait sur le mont Caelius, près de la porta Capena. Caius Albucius Silus, juste après qu'il eut obtenu la questure, très jeune encore, épousa en premières noces une Sabine, citoyenne romaine, Spuria Naevia, de seize ans son aînée. Elle était belle, forte, fortunée, sage, placide, lisait, comptait, notait la langue des Grecs, gérait convenablement la demeure et sans dissension les personnes. Elle ne passait pas pour prodigue. Elle entourait des soins coutumiers la bouche, l'entrejambe, la demeure et la fortune de son époux.

On sait par une « satura » de Cestius qu'Albucius dut se séparer de Spuria huit ans plus tard, après qu'il eut été la risée de Rome et qu'elle lui eut donné trois filles. Comme elle vieillissait (elle avait atteint l'âge de quarante-deux ans), Spuria Naevia s'était cependant mis dans l'esprit que ou bien son époux ne connaîtrait le plaisir que par elle, ou bien il lui nommerait les femmes dont il jouirait et les lieux où il aimait se rendre quand il lui prenait l'envie de caresser un corps plus jeune et aux formes plus agréables que celui de son épouse. Elle exigea qu'il lui contât par le menu les façons, les circonstances, les progrès, les prix, les allégresses. Il céda à ses demandes quand elles devinrent âpres. Il en conçut du regret. Il dit à Quintus Haterius que le désir de parler et de dire des mots honteux l'avait une nouvelle fois emporté.

Albucius la surnommait « l'Adriatique » parce qu'elle était irritable comme cette mer. Spuria Naevia décida à peu de temps de là qu'il noterait le récit des joies pour qu'elle pût mieux s'en pénétrer, en prendre la mesure, rivaliser et (lui fit-elle valoir, dans les termes mêmes de la satire de Cestius) parce qu'elle aimait « l'éclat et la précision si rares de son style ». Il hésita. Mais il fut flatté. Se disant que premièrement il aguerrirait son style dans cet usage incessant, que deuxièmement il accroîtrait sa provision de « sordidissima », sans plus les perdre d'heure en heure au cours des entretiens oraux qu'il avait chaque jour avec son épouse, il obéit encore. Ces notes évoquées par Cestius sont perdues. Il faut le regretter. Spuria, en commandant à son mari ce journal amoureux — proche peut-être de ce journal sexuel que Jean-Jacques Bouchard tint sous Louis XIII, que Paulin Paris découvrit et qu'a publié Alcide Bonneau deux cents ans plus tard —, épousait à vrai dire la cause même, passionnée et anxieuse, qui animait l'œuvre de son mari.

Il va de soi qu'elle lui fit aussitôt reproche du moindre mot et du moindre point en haut ou en bas ; requit des commentaires minutieux ; multiplia les soupçons ; l'accusa de s'être complu à se souvenir en écrivant. Elle livra un procès

continuel, qu'il ne sût pas résister avec plus de
fermeté à ses envies. Elle se refusait à lui dans la
fin de la nuit, au moment où le désir est le plus
doux et sa cause la plus aveugle, tant qu'il ne lui
avait pas fourni des explications qui occupaient
le reste du jour. Elle prétendit qu'il n'écrivît plus.
Il y consentit avec soulagement. Il pensa qu'il
était un rhinocéros noir, mangeur d'euphorbes et
de branchages, qui avait beau grogner, qui avait
beau dodeliner de la tête avec fureur : un
immense buphaga à bec jaune âgé de quarante-
deux ans, aux ailes immenses comme des palla
d'épousée, lui picorait le dos jusqu'à la douleur.
Elle alla jusqu'à exiger qu'il ne se trouvât jamais
seul dans la crainte qu'il ne remâchât ses songes,
ou tout simplement qu'il eût du désir sans souvenir. Elle se prit de jalousie pour l'arrière-
grand-mère d'Albucius parce qu'il l'avait aimée
quand il était enfant et parce qu'il conservait avec
piété son saladier qu'il avait accroché au mur de
sa bibliothèque. Elle se prit de jalousie pour des
prostituées, pour des petits garçons, pour des
matrones qui venaient l'écouter, pour des fantômes, pour le brin de romarin qu'il aimait à tripoter entre ses doigts, pour les rides qui entou-
raient ses yeux, pour la disposition et la netteté
de sa toge, pour des odeurs que personne ne percevait qu'elle sur ses membres, sur son cul. Ces
caprices prirent, le temps passant, un tour des
plus pénibles : elle s'était résolue à lui ôter la possibilité de rêver. Elle l'agitait en pleine nuit. Elle
le pinçait au sein ou au bas du ventre. Ou elle
hurlait à ses côtés en disant qu'elle ne tolérerait
pas que son sexe pût se dresser dans le sommeil
sous l'influence d'une autre image que celle qui

était étendue contre son flanc et qui veillait sans
trouver le moyen de s'assoupir.

Très vite Albucius fuit. Il but. Rome le vit traî-
ner le soir, errer dans les saules le long du Tibre,
frapper à la porte de ses clients, s'attarder dans
les cabarets, s'attarder dans des recoins pour
écrire furtivement. La veille des jours où il devait
déclamer ses romans, il se retirait chez des amis
ou dans le temple qui joint la Porta Capena, ou
aux bains, pour préparer ses déclamations,
concentrer son esprit sur les plus beaux traits, se
réciter à lui-même intérieurement les passages
sur lesquels il butait. Il disait : « J'ai mis la main
dans un buisson de ronces. » Spuria Naevia
devint la rivale des créatures mêmes qui peu-
plaient ses intrigues imaginaires : prêtresse,
prostituée, vestale, patricienne, esclave, Déméter.
Il ne supportait pas, quand il était de retour dans
l'atrium, de voir sa femme, feignant de trembler
d'amour, se mettre à ses genoux pour l'étreindre,
lui renifler le ventre, plonger le nez dans les poils
de ses couilles ou en éprouver la consistance.

C'étaient les années quarante, un temps où
Antoine ne cessait plus de s'entretenir avec Cléopâtre, vulve où César a plongé. C'était dans le
temps où Hérode, devenu roi de Judée, récupé-
rait Jérusalem et attendait Jésus. Les dieux, les
furies délabrèrent Spuria. L'ibis dans la volière
mourut. Il ne sut jamais si Spuria avait été la
cause de cette mort qui l'affecta. Il en aimait la
tête pensive et le cou recourbé, tous deux noirs
de jais, la profondeur silencieuse du regard, la
petite tunique blanche au-dessus des pattes
noires. Albucius portait à son ibis, chaque soir,
un lézard, une grenouille et, une fois la semaine,
une petite vipère succulente.

Elle décachetait ses rouleaux. Elle lui cacha les stylets en os, les roseaux, les planchettes de buis préparées pour écrire. Un jour de juin, comme il avait fait venir un muletier du jardin pour porter des rues et des bettes, Albucius surprit Spuria en cheveux en train d'ôter avec l'aide du muletier, dans le tablinum, dans la bibliothèque et dans les deux chambres banales, tous les livres qui contenaient des noms de personnages féminins. Albucius fit entraver le muletier, fit sonner le vase de bronze et ordonna que le tribunal domestique se réunît sur-le-champ : c'était la procédure due au flagrant délit. Il gagna le péristyle et, après qu'il eut fait sortir les images des ancêtres, qu'il eut prêté serment devant elles et qu'il les eut priées, il prêta serment au-dessus du foyer. Il prêta serment au-dessus de l'autel de bronze portatif.

Il sacrifia deux hosties : un agneau de lait, un coq pour Esculape. Il jeta quelques poils brûlés de l'agneau sur les images des parents, parce qu'il était chauve lui-même. Il engagea l'antique procédure de répudiation dans les formes qu'elle avait eues au temps des rois. Il exigea le serment des parents présents, de ses trois petites filles, des clients présents, des esclaves de Syrie, de ceux de Grèce, de ceux de Nubie. Il fit ranger les images de cire les unes derrière les autres dans l'armoire en nommant chacune d'elles et en versant une part de vin pour chaque ancêtre.

Alors il éleva la voix. Il prit le motif des sentiments passionnés que lui portait Spuria et de leur indécence en regard de ceux qu'une matrone romaine portait légitimement à son époux. La passion amoureuse fut flétrie sous le double chef d'ineptie et de bestialité. Il exigea les clés en réci-

tant la formule des XII Tables : « Claves ademit
exegit. » Il prononça la rupture ce disant. Spuria
Naevia revendiqua la dot que Caius Albucius
Silus lui fit verser sur l'heure sans prélèvement,
sans même la rétention ordinaire pour l'entretien
des enfants. Enfin, Spuria agenouillée, sa fille
aînée ôta l'anneau servile de son doigt et le remit
à Albucius qui procéda au bris de l'anneau de la
servilité conjugale. On chanta les dieux. On man-
gea les hosties. Ils n'avaient pas fait la libation de
la dernière coupe qu'il avait fait jeter sa femme
et ses servantes à la rue par surprise.

Cestius conclut en montrant Albucius rentrant
dans l'atrium : il resta debout dans le silence. Il
arracha méticuleusement des lambeaux de sa
toge, leva les bras tendus et jura, au titre du dernier serment, sur Horus, qu'il ne se remarierait
pas.

CHAPITRE X

César

Une saga en vieux norrois qui date du XIIIe siècle contient une scène célèbre et cruelle. Le héros, Thorgeirr, comme il voit la nuque d'un homme bien placée pour recevoir un coup, ne résiste pas à l'occasion. Ce n'est pas saisir l'occasion aux cheveux : c'est saisir l'occasion aux vertèbres. La scène se passe près de la ferme Hvassafell. Le berger vient de rentrer le troupeau. Fatigué, il est dans le pré clos, appuyé sur son bâton. Il rêve, le menton sur les mains superposées, les mains sur le bâton peut-être un peu court, au moins le dos un peu bossu ou voûté, tendant le cou : Thorgeirr, malheureux, ne peut s'empêcher de hacher le cou. La tête du berger tombe à huit mètres de là, dans l'herbe, près d'une poule, qui se dresse précipitamment en dépliant ses ailes.

On poursuit Thorgeirr. On lui demande pourquoi il a commis ce meurtre, s'il a trouvé à redire à cet homme appuyé sur son bâton. Le héros répond : « Il ne m'avait pas offensé mais je n'ai pu me retenir. Il était si bien placé pour recevoir un coup. » Un des critères qui désignent l'authenticité de la passion qui anime quelqu'un qui écrit tient à une irrésistibilité comparable à celle dont fait état Thorgeirr : il lui est impossible de faire l'économie d'une phrase bien venue ou cruelle qui lui vient aux lèvres, quelque inconvénient qu'elle présente, si nuisible qu'elle puisse lui devenir, ou si incongrue qu'elle paraisse en regard du texte où elle s'insère.

César est Thorgeirr. César, dans son plus beau livre, dans les *Commentaires sur la guerre des Gaules*, dit : « Une possibilité d'être victorieux a déclaré la guerre. » Le plaisir de la soudaineté et de la vérité était le sien. Il faut croire qu'il y a une conception de la vérité lente qui fait bâiller, et une conception de la vérité subite qui emplit de plaisir. Des circonstances qui permettent de gagner deviennent des motifs de déclencher l'attaque. Il suffit de s'entourer de quelques prêtres ou historiens ou techniciens du langage pour noyer cela d'une sauce qui fasse passer la viande. César est un des seuls hommes ivres de pouvoir qui, en utilisant le langage, ne l'utilise pas dans cette fonction de sauce. Véritable écrivain, il dit jusqu'au plaisir de dire, c'est-à-dire jusqu'au péril de dire, c'est-à-dire la vérité, c'est-à-dire tuer d'un coup. César fait de cette franchise elle-même une action, une propagande personnelle, un coup de hache irrésistible. Il ne se défend pas en justifiant ses actes mais en les exposant avec énergie dans l'aveu, avec brusquerie dans l'expression, avec soudaineté, dans l'attaque. En passant de la sorte à un combat offensif dans la langue, dans la beauté, dans la rapidité, il se crédite d'une espèce de puissance plus ou moins sexuelle qui est la séduction par excellence et qui autorise tout.

Il surprenait par l'impassibilité. Il feignait l'innocence et l'étonnement. L'aveu déconcertant est l'argumentation souveraine. Il faut être supérieur à la raison même. Albucius Silus, chassant à l'épuisette ses sordidissimes, avait une passion comparable. Il ne faut jamais se justifier de rien, il ne faut même pas convenir de ceci et de cela avec élégance : il faut tout revendiquer avec passion. César avait la voix forte. Toute sa vie il s'en tint à l'apparence de la candeur. Il ajoutait à cela le rayonnement, les yeux grands ouverts, l'apparence du calme, un peu de mépris et de froideur, les jambes grandes ouvertes.

Il avait la taille haute, le teint très blanc, les joues pleines et même un peu grasses, le corps mince et robuste. César aimait l'huile qui était rancie. Il était sujet aux syncopes, aux terreurs qui rompent brusquement le sommeil, à l'épilepsie. Il était toujours dans le désir d'agir, de travailler, d'aimer, de faire. L'inaction lui paraissait le malheur. Il était obsessionnel.

Le plaisir d'agir, l'excitation que donnent l'énergie et la promptitude, la gloire qui entoure de lumière font passer le temps. La haine de la nonchalance, du baratin, de l'ennui, l'insatisfaction devant le cours normal des choses, le désir d'avoir des corps de femmes imprévisibles s'offrant sur sa couche, c'est une espèce d'entrain qui séduit, une espèce de dynamique où tout entre en campagne sans finir. Tout son corps était l'objet de soins quotidiens. Il ne se bornait pas à se faire tondre chaque jour, raser de près, mais à se faire épiler. Son corps était aussi blanc et aussi épilé — mais plus ferme — que son visage. Sa

voix était bien posée, ses gestes pleins de mouvements et d'affectation. Il montait très bien à cheval. Albucius de même. Il ne se consolait pas
d'être chauve. Albucius portait un grand chapeau
blanc à jugulaires. César ramenait des cheveux
qui étaient devenus rares sur le sommet du crâne
blanc. De tous les honneurs qui lui furent décer-
nés par le Sénat et par le peuple, celui qu'il reçut
avec le plus de satisfaction fut le droit de porter
en toute occasion la couronne de laurier : elle
masquait ce petit espace nu qui le plongeait dans
le dépit de deux manières : parce qu'il l'ôtait à la
jeunesse, parce qu'il l'offrait à l'automne et à la
mort. Il ramenait le laticlave et ses franges sous
la ceinture.

Je suis revenu à César quand c'est Pompée
qu'admirait Albucius, quand c'est Octave
Auguste qui le fit venir à sa cour. Cicéron avait
été l'élève l'Apollonius Molon. César se rendit à
Rhodes pour devenir l'élève d'Apollonius Molon.
Pour les déclamateurs, il n'aimait pas le style
brusque et sec. Il aimait curieusement le style
élégant, riche, ouvragé dont ses œuvres ne
portent pas exactement le témoignage. Il
empruntait beaucoup à Térence.

César n'avait pas seulement appris l'art d'écrire
à Rhodes : il y avait appris la peur. Il avait été tra-
qué par Sylla dans les montagnes, captif des
pirates, condamné à mort, rançonné. César dans
la première partie de sa vie est un héros d'Albucius Silus. Avant qu'il devînt glorieux, il avait
vécu dans l'homosexualité à la cour du roi Nicomède en Bithynie. Tous les soldats de Caius
Julius Caesar, à chaque triomphe, rappelaient le
rôle passif qu'il avait tenu auprès de Nicomède.

Aussitôt rentré à Rome, faisant profession

d'athéisme, devenu grand pontife, l'assurance, la luisance du succès transparaissaient en lui. Cinna nomma César prêtre de Jupiter. Le « flamen dialis » lui-même était considéré comme porteur d'une force magique. César porta le bonnet de fourrure à mentonnière. En ce temps-là, les honneurs étaient une course de chapeaux que des chauves se lançaient entre eux. Tout d'un coup, aucun nœud ne fut toléré ni dans ses vêtements ni dans sa maison. On ne devait jamais offrir à la vue du pontife une table sans nourritures en sorte que l'idée même de manque lui restât étrangère.

Il ne songeait qu'à l'image qu'il donnait de lui et qu'il désirait aussi contradictoire que possible afin de ne jamais être contraint par elle. Comme grand pontife il menait une vie érotique complexe et suffisamment publique pour qu'on s'interrogeât sur elle et que sa puissance ne fût pas soupçonnée. Il se ruina en dons dans le même dessein. Ruiné, il emprunta l'or à Crassus. Sans victoires, il emprunta à Pompée sa gloire. Il emprunta tout à Pompée, jusqu'à sa fille, sauf la passion exclusive que lui portait Albucius.

Cicéron pérore soudain contre les triumvirs. Caton prouve qu'on peut marcher sans chaussures en se mettant nu-pieds, et il piaille. César prend l'Illyrie et les deux Gaules. Pour cinq ans il part en litière et traîne derrière lui deux chariots de tablettes de buis. Pompée prend l'Espagne, Crassus la Syrie. En Gaule César découvre l'existence d'une race humaine et de deux coteaux qui bordent la vallée de la Seine : il y a deux petites îles au milieu du cours, des giroflées, des canards. Ces derniers mangent des vers dans l'ombre d'une cathédrale que nul ne

voit mais qui donne à l'herbe où les canards
courent une teinte plus humide et plus bleue.

Il a beaucoup songé à des pierres qu'on amasse.
En – 65 César avait été curateur de la via Appia :
il a empierré. Il édifia des embarcadères où accos-
taient les bacs. Il construisit un pont, deux hôtel-
leries, deux relais de chevaux, six routes d'accès.
Il faisait dresser les pierres milliaires où inscrire
et vanter son nom. C'étaient les panneaux publi-
citaires d'alors, plus durables, aussi recherchés.
César collectionnait les pierres précieuses un peu
plus petites que les pavés, les vases ciselés, les statues, les esclaves beaux et cultivés qu'il achetait à
des prix imprononçables. Il collectionnait les
peintures des maîtres anciens, dont Peiraikos. En
– 59 il offrit à la femme qu'il aima le plus parmi
toutes les femmes dont il jouit, Servilla, la mère
de Brutus, une perle qui valait un million cinq
cent mille deniers.

Il aimait les amis plus que tout et il n'en avait
pas. Publius Clodius enfile une longue tunique de
femme. Il orne le haut de son crâne d'un faux chignon. On songe au roman d'Albucius *Raptus in
veste muliebri*, où un jeune homme qui a revêtu
des vêtements de femme est violé par des
hommes. Clodius est introduit dans la demeure
de César à l'occasion de la cérémonie de la Bonne
Déesse. Sommé de choisir entre l'amitié et
l'amour, Caius Julius Caesar ne balance pas. Il
répudie sur-le-champ sa femme. Il conserve
l'ami. Il n'avait aucun confident.

Il passa toute sa vie en chaise à porteurs à
écrire des lettres. En voyage, à table, au lit, où
qu'il fût et quelque heure que ce fût, il écrivait.
Il disait qu'il fallait être présent à plusieurs
endroits et user de l'absence comme d'une pré-

sence plus mystérieuse et ambiguë encore. Oppius et Balbus étaient ses principaux secrétaires. Ils étaient convenus de codes secrets et d'abréviations.

Le bonheur est infatigable. Commander, jouir, se créer un monde où tout obéit, additionner sans cesse la surprise et l'action, crainte que tout se morcèle dans le repos, amalgamer la chance et la fatigue, le sentiment de l'avenir et la présence subite de l'obstacle, tout devenait plaisir. Je me souviens qu'une phrase de Cicéron servait d'exemple dans la *Grammaire latine* de Cayrou : « La cause de César ne manquait de rien : elle manquait seulement de cause. » On récitait en ânonnant cet exemple en classe de cinquième, elle paraissait creuse et factice. On portait des culottes de flanelle grises : elles laissaient les petits os des genoux glacés, choquants, nus, blancs, coupillés avec des croûtes noires qui chatouillaient. On voulait les ôter et on barguignait à le faire. C'était autrement passionnant. Le temps ne passait pas mais il est passé. Cette phrase de Cicéron me paraît de plus en plus belle parce qu'elle est vraie de tout. Elle est vraie de toutes choses, de toute action, de tout être. Elle est vraie de l'univers comme elle est vraie des mouvements de jambes qui nous firent. Elle est vraie de la subite apparition de notre sexe à vingt jours. Elle est vraie des petites coupures qui sont sur les genoux d'enfant, à la limite du revers des culottes de flanelle : elles peluchaient, certains brins s'amassaient en boule. Elle est vraie de ces amas de brins de laine grise. J'arrête sur César.

CHAPITRE XI

Romans homosexuels et romans de débauche

Albucius avait appartenu au parti de Pompée. De façon active, durant trois mois, il avait fait transiter les armes des partisans. Il avait à peine vingt ans alors, avant qu'il se marie, avant qu'il publie, mais toute sa vie Albucius Silus conserva sa fidélité aux Pompéiens. Ce sont des effets du souvenir des toutes petites oreilles mobiles d'un hippopotame gris. De Pompée, Albucius disait : « Dederunt victis terga victores. » (On a vu des vainqueurs fuir devant ceux qu'ils avaient vaincus.) Cestius prétendait qu'Albucius avait dérobé ce mot à Publius Asprenas. A Rome, tous s'entre-copiaient. L'art était compris comme une émulation entre les œuvres et comme un concours entre les hommes. L'originalité de l'intrigue ni celle de la pensée n'étaient mises en avant. On ne disait pas « anciens », « modernes », « vieux », « jeunes » : on opposait aux « antiques » des « neufs » qui ne s'attachaient qu'à vieillir. Il ne se trouve peut-être pas de romans d'Albucius dont l'intrigue elle-même soit sienne. Seuls les traits, la manière, le lexique, les détails, le style avaient à être personnels. Un jour qu'on accusait Arellius Fuscus d'avoir volé un trait à Adaeus, Arellius rétorqua :

— Do operam ut cum optimis sententiis certem nec illas corrigere conor, sed vincere. (Je m'applique à lutter contre les meilleurs traits et je tâche à ne pas les affaiblir, mais à les vaincre.)

Le père de Sénèque le menteur, parlant avec son ami, évoqua un trait dont avait usé Thucydide : « Le succès voile et couvre merveilleusement toutes les fautes de son ombre. » Albucius rappela que Salluste avait dérobé ce trait pour César : « Le succès est un voile pour les vices. » Albucius Silus dit : « Salluste est bon artisan. Il a vaincu le Grec en le volant. » Je mets bout à bout six de ces romans dont le sujet juridique était de pure convention. Ces débauches, ces viols homosexuels, ces soldats bruissent encore des guerres qui ensanglantaient les maisons privées et qui engloutissaient dans la peur toute l'étendue du territoire national.

LE SOLDAT DE MARIUS

Miles Marianus

Durant les guerres des Cimbres, un tribun parent de Marius glisse sa main sous la tunique d'un jeune soldat et le prend par les couilles à plusieurs reprises. A plusieurs reprises le soldat repousse ses avances, dénoue les doigts du tribun, fuit dans le camp.

Un jour on trouve le corps du tribun recroquevillé dans une mare de sang, la gorge ouverte d'une oreille à l'autre. Le soldat revendique le meurtre. Il est conduit devant Marius, alors imperator.

— Où est l'obéissance ?

— Un soldat est prêt à souffrir toutes choses du monde de la guerre, sa mort même, mais il n'a pas assujetti l'usage de son anus.

— Ton anus valait-il un tribun ? Comment la considération de la propreté de ton anus pourrait-elle apaiser la douleur où tu me vois d'avoir perdu un parent ?

— Il a flétri la gloire de vos étendards.

— Qu'appelles-tu étendards ? Il n'a flétri que ta tunique.

— Un soldat s'engage à défendre l'honneur de Rome, de ses Aigles victorieuses, de la vertu de ses citoyens, de la virilité de ses soldats.

— Mon parent n'a été infâme que dans les intentions que tu lui supposais. Il ne t'a pas pollué.

— Les Anciens revenaient du combat tout couverts de poussière et de sang. Ils ne revenaient pas les fesses enduites de baume et de sperme.

— Tu te plains avec raison d'un siècle corrompu mais mon parent n'était pas plus corrupteur que ce siècle ne l'est.

— Je n'aurais pas été ton soldat, si j'avais été complaisant et je ne l'aurais pas été davantage si j'avais été lâche.

LE JEUNE HOMME VIOLÉ

Raptus in veste muliebris

Un jeune homme avait un joli visage et de beaux yeux noirs. Il fit le pari avec deux amis qu'il paraîtrait en public sous des vêtements de femme, la palla sur la tête. Il se promena dans les rues. Pour peu qu'on le sifflât, il se cambrait davantage. Au coin d'une rue de Subure, dix jeunes gens l'enlèvent. Ils lui font violence en le baisant sur la bouche. Ils le dévêtent. Ils rient en voyant ses génitoires. Ils le prennent de force, tous les dix, l'un à la suite de l'autre. Il poussa des cris qui étaient aigus. Ils lui déchirent l'anus.

Le jeune homme violé porte plainte contre les dix jeunes gens. La plainte qu'il porte se retourne contre lui : le magistrat l'accuse pour avoir revêtu des vêtements de femme, pour s'être coiffé comme une femme et pour avoir mis du fard sur sa barbe. Au surplus il s'est raillé de la palla des citoyennes. Le magistrat dit :

— Apud patres nostros nefas putabatur brachium toga exserere. (Du temps de nos ancêtres on estimait monstrueux de sortir un bras de sa toge.)

LE PETIT-FILS

Nepos ex meretrice susceptus

Un homme est chassé par son père, par sa mère, par son oncle et à l'aide de quatre esclaves, avec violence : il ne veut pas se séparer d'une prostituée qui lui est chère, Hispala. Il demeura avec elle. Ils s'aimaient. Il en eut un fils qu'il éleva avec elle. Il tomba malade. Il envoya chercher son père et lui confia son fils. Il lui dit :

— Je ne suis plus ton fils. Mais il est ton petit-fils. J'ai eu cet enfant d'Hispala.

Il mourut. Aussitôt le fils devenu cendres, le père alla trouver la courtisane, ne revendiqua pas l'urne mais adopta le petit enfant. Son second fils fit une action auprès du tribunal. Il accusa son père de démence.

Le père : Cette courtisane était une épouse. Je l'ai vue s'empresser auprès du lit du malade. Non seulement ses cheveux étaient en désordre mais elle les arrachait.

Le second fils : Ce n'était plus ton fils. Tu l'avais chassé.

Le père : On me dit : Ton fils meurt. J'ai couru comme un fou. (Amens cucurri.)

— Je suis ton unique fils.

— Là-bas, chez la courtisane, j'ai vu deux de mes enfants. L'un mourait. L'autre pleurait.

— Incidit in meretricem inter omnia mala etiam fecundam. (Il a rencontré une prostituée qui, sans parler de tous ses autres défauts, était féconde.) Mon père : Chasse l'enfant d'on ne sait qui !

— Je l'avoue : j'ai été fou autrefois quand je n'ai pas vu lequel de mes deux fils devait être chassé.

— Adoptavit ejus filium propter quam etiam suum ejecerat ! (Mon père a adopté le fils de cette putain et c'est à cause d'elle qu'il avait renvoyé son propre fils !) J'accuse mon père de démence.

— Ut intravi, cadentes jam oculos ad nomen meum erexit fugientemque animam retinuit. « Pater » inquit... (Quand j'entrai, lorsqu'il entendit mon nom, il releva ses yeux déjà appesantis par la mort et retint son souffle prêt à s'envoler. « Mon père », me dit-il...) Puis il a demandé : « Où est mon frère ? »

On peut citer quatre-vingt-dix intrigues d'Albucius Silus. Parmi les romans de débauche, une autre déclamation porte l'accusation de démence sur le père : Un père entend reprendre habilement son fils qui souillait ses jours dans la débauche. Il feint de l'imiter, plonge ses cheveux blancs dans les cuisses des femmes, se parfume, allonge sa toge, orne l'ourlet. Il y prend goût. Il dissipe sa fortune. Le fils, s'inquiétant des ressources qui diminuent, accuse son père de folie.

Dans le *Débauché aveugle*, Albucius mettait en scène dix jeunes gens qui avaient totalement dissipé leur fortune en jouant aux dés. Ils décidèrent de jouer leurs yeux afin de pouvoir se refaire au jeu : celui dont le nom sortirait au sort aurait : a. les yeux crevés, b. les mille deniers par lesquels l'Etat faisait assistance aux infirmes après enquête de moralité. Ils tirent selon l'os le plus court. L'un d'entre eux est élu : les neuf autres lui crèvent les yeux mais le trésor public ne donne pas la somme prévue qui les compense. L'aveugle engage un procès contre le trésor public : ce dernier prétend soulager les mutilés et non acheter la mutilation.

L'HOMME QUI SÉDUISIT DEUX FEMMES

Raptor duarum

Un homme se glisse par le jardin dans un gynécée. La même nuit, il prend de force deux jeunes filles. La première fille choisit de le faire mourir. Sa sœur choisit de l'épouser.

Le roman met en scène le débat des sœurs. L'homme est lié dans l'atrium. Il n'a pas les pieds entravés. Dans la maison on entend des pleurs, des gémissements, des cris de joie, des préparatifs de noces. La mère va d'une de ses filles à l'autre. Les esclaves vont de même. On dit à la sœur cadette :

— Il ne se contente pas d'une femme.

— Il m'a émue quand il m'a prise, répond-elle.

— Qu'on le mette au supplice. Qu'on l'exhibe. Qu'il mette tout un jour à mourir celui qui a mis une nuit pour polluer deux vierges, dit l'aînée.

— Il m'a dit : Dum te peto, in illam incidi. (En te cherchant, je suis tombé sur celle-là.) Il m'aimait. Il m'a prise à genoux.

— Il t'a prise de force, contre ta volonté.

— Son amour était si fort. Il n'a pas pensé demander si je consentais à son désir.

— Il m'a mis la main sur la bouche. Il a arraché ma tunique nocturne. Il a lié mes mains. Je veux que cette violence soit vengée dans la mort.

— Ma sœur, si tu m'aimes, pardonne mon mari.

Albucius résolvait l'intrigue de la façon suivante : un homme ne peut pas épouser deux femmes, mais il peut mourir pour deux sœurs.

— Je vais t'attrister, disait la mère : ton mari a une maîtresse. Et c'est la nuit de tes noces qu'il t'a trompée.

LA FEMME VIOLÉE

Rapta

Une jeune fille violée dans un jardin, près de l'enclos des roses, veut épouser son violeur et n'obtient pas sa main.

La jeune fille : J'ai du regret de ce qui m'a blessée.

Le jeune homme : Mon ventre ne s'est pas approché de son ventre. Elle rêve.

La jeune fille : Je ne veux pas la mort de celui qui m'a souillée. Je réclame le droit d'option sur celui qui refuse ma main.

— Je ne regarde pas les femmes. De ma vie je n'ai soulevé ma tunique. Je jure que j'ignore ce que je puis avoir entre mes cuisses.

— C'est toi qui m'as viciée. Souviens-toi des roses.

Le violeur, alors, acceptait de se souvenir et, dans le rappel de l'odeur des roses, convenait du viol en ces termes :

— Nox, vinum, error... (La nuit, le vin, une folie passagère...) Je l'ai séduite, je l'ai violée. La lune ne luisait pas. On distinguait à peine la couleur blanche des roses. Elle a approché en même temps une lampe et son sein. Si puissantes sont la beauté et l'odeur des femmes qui sont jeunes !

Mais ce dernier trait, qui ressemble peu à la manière d'Albucius, est peut-être dû à Junius Gallio.

CHAPITRE XII

La mort de Cicéron

Au pied du rempart il y a aussi des roses, mais jaunes. Elles sont toutes petites, sauvages, sans que la rosée les ait lavées de la poussière. C'est la mi-septembre – 48. César est à Troie, pleure Enée, exempte la ville d'impôts, et s'éloigne de la balustrade de pierre qui clôt la terrasse neuve. Ilion lui vote un monument. L'inscription gravée s'est conservée par-delà le temps : « Pour Caius Julius Caesar, fils de Caius, grand-prêtre, imperator, descendant d'Arès et d'Aphrodite, dieu réapparu, sauveur de l'humanité. »

L'humanité connaît parfois le bonheur de n'être pas sauvée. Fin septembre, il veut revoir Rhodes. Il revoit Rhodes. Il songe à son enfance. Il va sur la tombe de son maître, Apollonius. César a cinquante-deux ans ; il est heureux de vivre et d'errer. Il a onze ans de guerre sans répit derrière lui. Il embarque sur un bateau qui le conduit de Rhodes à Alexandrie. Sous la tente qui a été dressée sur le pont, il y a une grande brassée de roses rouges dans un vase de bronze.

Le 2 octobre, il pénètre dans le port. Il accoste, passe la planche de bois, pose le pied sur le quai : on lui tend la tête de Pompée. Il détourne la tête. On lui présente l'anneau-sceau de Pompée : les larmes lui sont venues. Il porte la main à ses yeux. Il s'avance dans la foule des Grecs et des Egyptiens. Quelque chose se brise en lui à quoi il ne s'attendait pas. Il a perdu son ennemi. Une rivalité de toujours est finie qui le dominait. Il lui semble que ce qui le tenait en haleine depuis vingt-trois ans s'est égaré dans ses poumons.

Un peu plus tard il dit :

— Il est toujours honteux de survivre.

Il ne respire plus si bien. La litière lui fait mal. En – 47 César arrive à cheval en Asie Mineure, rend l'Arménie à Dejotarus, la Cappadoce à Aribarzane. Cela prend cinq jours. Le 2 août – 47, à Zela, il dicte à un esclave près de lui un projet de slogan pour son triomphe. Il est las. Il écrit à Rome : « Veni, vidi, vici. » Il invente à la fois le télégramme et la rime.

César estimait que son « tas de morts » pouvait être chiffré autour de 1 192 000 ennemis tués et que nul n'avait fait mieux et qu'aucun homme vivant ou qui avait vécu ne pouvait rivaliser avec lui.

En – 46 (en 708 de Rome), Albucius aima la première girafe qu'il vit. Il la dut à César : on suspendait le fourrage au haut de perches qui mesuraient cinq mètres. Albucius la regardait ruminer comme lui-même. Il admirait la sveltesse des membres, l'élégance de la démarche allant une amble lente, le pelage à filet blanc entre les plaques brunes. Il aimait les très grands yeux, très expressifs et étonnés, bordés de cils longs, les deux petites cornes ridicules, surmontées d'une touffe de poils, le silence, quelques souffles bruyants, quelques soupirs. Il la regardait la nuit, près du forum de Pompée, dormant debout, et il n'en revenait pas. C'était le quadruple triomphe de César.

Il traîne à sa suite sur le Champ de Mars des éléphants, la girafe, Cléopâtre dans ses atours, Arsinoé captive, Caton en cire se perçant de son épée, Vercingétorix vivant et enchaîné, deux galères tirées sur des roues. 708 de Rome, 46 avant Jésus de Nazareth : ce fut « l'année de confusion », l'année qui compta 445 jours. César avait cinquante-six ans. Il éprouva un plaisir qu'il ne s'expliquait pas à réformer le calendrier de Numa sur la proposition de Sosigène. Quintilis devint juillet dans le désir d'accroître son nom de la beauté de la lumière la plus chaude.

En 709 de Rome, sur le bord du Tibre, un soir d'août, c'est le mot de César sur Dolabella et sur Brutus : « Les gras et les biens peignés ne sont jamais redoutables. Je crains les maigres et les pâles. » Ce mot de César est un mot de déclamateur.

Il y a un autre mot de César que je voudrais citer parce qu'il est aussi beau qu'il est douloureux. Pompée décapité, on pousse César à proscrire Cicéron. César refuse. Il dit : « On n'égorge pas Cicéron. On n'ajoute pas de nuit à ce qui vous fait ombre. » Il aimait le pouvoir et il l'avait entier. Il ne voulait pas une royauté qui l'eût diminué et qui eût rendu moins atypique ou moins divin le destin de ses jours. Hélas, au contraire de celle de Marcus Cicero, l'ambition de Caius Caesar était sans public. Il attendait un salaire mais il ne savait sous quelle forme, en quelle monnaie il pouvait être payé, ni par qui il devait l'être. Il n'y avait plus personne autour de lui. Il n'avait plus Julia. Il avait ses deux secrétaires qui notaient des choses qu'ils ne comprenaient pas : « Voilà que la fatigue seule me récompense de mes efforts. Même la haine des rivaux a cessé de dominer ma vie. Mon sexe a vieilli et ce ne sont plus que quelques gouttes fastidieuses. Tout ce que je fais débouche sur le néant ou la grandeur de l'espace. C'est comme un gouffre qui m'entoure. Si je regarde avec un peu de minutie ceux qui me plaisent, je lis la peur dans leurs yeux. »

Sur la vie de Caius Albucius Silus durant la dictature, on ne sait rien, sinon qu'il demeura à Rome, qu'il demeura vivant et qu'il demeura toute sa vie un partisan de Pompée. César ne se plaisait pas à lire ses livres : il n'y était peut-être pas incité. On a conservé un roman d'Albucius sur l'assassinat de Cicéron qui semble un récit de première main et qui ne ménage pas ses éloges. Ce récit date de − 35 (Albucius y mentionne la mort de Salluste). Ce texte est très beau. Les historiens le méprisent comme peu sérieux. Mais qui a vu un historien qui fût sérieux ? Les historiens ont peur et font semblant de croire que ce qui arrive dans le monde des hommes est cohérent. Ils s'accrochent désespérément à des rois comme les femmes hystériques s'agrippent aux cuisses des hommes puissants. Ils sont malades de peur et plus fabulistes que les déclamateurs eux-mêmes qui font des moulinets sur le forum. Ils font des moulinets avec des dates pour se faire prendre pour des mathématiciens. Qui n'aime se bercer d'un chuchotement ? Ce sont des collectionneurs : ils empierrent des levées contre l'océan. Je résume et j'assemble ces extraits de vingt pages qu'a composées Albucius quand Salluste mourait. Je songe inopinément que Salluste fut justement celui qui épousa en secondes noces la première femme de Cicéron. La scène est brusque et peu célèbre. Albucius n'en fait pas état dans son roman. Marcus Tullius Cicero venait de rejoindre le parti de Pompée. Terentia entre dans la bibliothèque de son mari. Marcus, irrité d'être dérangé dans son travail, tourne la tête vers son épouse. Il est entouré de ses esclaves sténographes. « Mon ami, dit Terentia à voix forte, votre jugement a été pris en défaut. Vous appartenez au parti des vaincus. Je divorce. » Elle épouse sur-le-champ un des favoris de César, Caius Sallustius Crispus, pas encore historien.

C'est en – 35, alors que Salluste venait de mourir, qu'Albucius écrivit *Popillius assassin de Cicéron* (Popillius Ciceronis interfector). La première scène se déroulait dans un prétoire. Au cours d'un bref retour en arrière pastoral, Albucius rappelait la vie de Cicéron enfant, la vie du petit paysan volsque dans les années – 105, jouant sur les berges du Liris, la chambre donnant sur un atelier de foulon, dans une odeur entêtante d'urine. Il décrivait à toute allure la carrière : le grand avocat d'affaires, puis le questeur, puis le prêteur, puis le consul, puis le Père de la patrie, puis l'augure, puis l'imperator qui hésite entre Pompée et César, qui réclame le triomphe, le quadrige et la toge brodée. Albucius montre Popillius, accusé de parricide, debout devant les juges, en larmes. La foule réclame la mort. Albucius montre Cicéron ouvrant la bouche : il sauve la tête de Popillius.

Deuxième scène très rapide : Albucius décrit en quelques mots la mort brutale de César, Brutus errant dans Rome la nuit même, appelant à son secours : « Cicero ! Cicero ! » en sorte de se protéger en invoquant le nom du grand consulaire. La nuit débouche brusquement sur juillet 44, lors des jeux consacrés à l'âme de César, à l'instant où paraît dans le ciel de Rome le « sidus Julium », l'astre des César. Il s'agit de la comète qui prouva aux Romains que Caius Julius Caesar était dieu et que son âme en réapparaissant faisait signe et qu'elle criait vengeance. Cet instant est l'aube de l'empire. Octave aussitôt joue de l'apparition du « sidus », de l'étoile de César pour s'en faire le prêtre et se sert de son reflet comme d'un nimbe personnel. Albucius montre Cicéron qui ne comprend rien, qui croit manœuvrer Octave dans sa « sidération », qui demande la tête d'Antoine. On n'appelle pas encore Octave Auguste mais « Divus Julius ».

Troisième scène. On est en octobre, dans la plaine de Bologne, sur une petite île dans le cours du Reno. Antoine, Octave et Lépide marchandent les meurtres nécessaires. Le premier nom est Cicéron. Octave rappelle le mot de son oncle et le fait confirmer par un des officiers qui se trouvent là, Salluste. Rien n'y fait. Lépide et Antoine exigent le meurtre. Antoine fait venir Popillius, le prend à l'écart. Ils sont sous un saule orange. Il lui demande la tête de Cicéron.

— Cicéron est mon père, dit Popillius, puisque je lui dois la vie. Je ne puis faire ce que tu demandes.

— Je suis ton général et tu es mon soldat, dit Antoine. La République ne peut être pacifiée que si cet homme est mort.

— Je serai le premier homme à être deux fois parricide.

« Tu dois toi-même le tuer (dit encore Antoine à Popillius dans la version de Quintus Haterius) parce que tu as été très lié à lui, afin qu'il touche du doigt sa destinée : Molestius feret se a Popillio occidi quam occidi. » (La mort de la main même de Popillius lui sera plus sensible que la mort même.)

Dernière scène : en quelques lignes Albucius montre Cicéron fuyant une dernière fois, quittant Tusculum, rejoignant Astura, se rendant à sa propriété de Gaète en bateau. Des corneilles centenaires jupitériennes s'abattent sur la vergue et s'attaquent aux cordages tandis que Ciréron dort paisiblement. C'est le 7 décembre – 43. Alors qu'il monte dans sa litière et s'apprête à traverser le bois, voulant quitter Gaète, le détachement de soldats commandé par le tribun Popillius arrive devant le mur d'enceinte de la propriété. Un affranchi qui porte le nom de Philologus trahit son maître et montre du doigt le sentier qu'il vient d'emprunter avec ses gens et sa litière. Popillius se précipite. Cicéron l'aperçoit, dit à ses porteurs de s'arrêter et regarde fixement Popillius : Cicéron tend la tête hors des rideaux, le visage âgé, portant les doigts de la main gauche au menton, la barbe sale. Popillius se nomme. Cicéron sourit et dit :

— Popillio semper vaco. (Je suis toujours de loisir pour Popillius.)

Popillius rétorque :

— Je t'apporte un assez long loisir.

Il frappe Cicéron à hauteur de la pomme d'Adam et lui tranche la tête au ras de l'épaule (caedit cervices tanti viri et umero tenus recisum amputat caput). Puis Popillius tranche les mains.

Il adresse tête et mains à Antoine. Antoine ordonne qu'elles soient placées sur les rostres.

Les romans sont toujours plus vraisemblables que le chaos des vies qu'ils rassemblent et réparent sous les espèces des intrigues et des petits détails consonnants. Même l'histoire est assujettie à l'intrigue, ne serait-ce que parce que la politique elle-même intrigue quand elle ne résume pas la vie d'un peuple à une histoire de famille autour d'un père qu'on tue ou au feuilleton interminable d'une meute de frères qui rivalisent. Albucius ne cite pas une anecdote réelle et que tous les historiens ont relevée. Quand on remit la tête de Cicéron à Antoine, avant qu'il la fît clouer aux rostres, Fulvie la lui demanda. Elle desserra avec difficulté la mâchoire de Marcus Tullius Cicero, tira sur sa langue et y passa des aiguilles afin qu'il n'allât pas parler aux Enfers ni compromettre leurs noms en se plaignant aux ombres.

Albucius ne put s'empêcher, pour clore *Popillius Ciceronis interfector*, de faire deux traits plus cruels que superstitieux : « Popillius est un exemple pour tous les hommes : Nullos magis odit quam quibus plurimum debet. » (Il déteste surtout les hommes auxquels il doit le plus.) Et il ajoutait, avant qu'il conclût : « Sans cesse on tourne la tête vers les rostres : sans cesse on y voit cloués les yeux et les mains de la parole. » La chute de la déclamation proprement dite était d'un mauvais goût que peu d'exemples surpassent. Seneca la condamnait avec véhémence. Albucius montrait la belle-sœur de Cicéron, Pomponia, qui, comme elle entendait venger la mort de son beau-frère, n'osant porter la main sur Antoine ni sur Popillius, mettait au supplice Phi-

lologus dans une resserre à bois de la villa de
Gaète. Elle l'affamait puis, de temps à autre, elle
découpait sur son corps des petits carrés de chair
qu'elle le contraignait à manger. Un jour, peu
avant qu'il expirât, aux ides de janvier, elle lui
trancha toute la langue. Elle l'éminça et la tailla
en forme de dés. Elle lui donnait un dé tous les
trois jours et elle lui disait, en lui glissant le
dé entre les lèvres : « Philologus, mange ta
langue ! »

CHAPITRE XIII

Le désir d'être Homère

Les ragots d'Asinius Pollio et de Cestius sont soudain bons comme du bon pain. Ou mieux encore : comme des dés de langue séchée pour peu qu'on les ait saupoudrés d'un peu de sel. Je les utilise sans qu'il soit besoin que je souligne combien ils sont invraisemblables. Le plaisir de médire les inspire. Mais ce plaisir procure aussi une part de lui-même. Asinius Pollio dit qu'Albucius vieillissant ignorait le plaisir pris avec autrui. Il était resté enfant. Il allait aux latrines et il souhaitait qu'on le masturbât debout. Je pense que le sordidissime devient ici légende — encore que le plus souvent l'homme fût si inquiet qu'il craignait peut-être l'inconvénient qui survint à un grand historiographe français du XVIIᵉ siècle qui portait le nom de Boileau : qu'un dindon lui picorât le sexe. Il avait six ans. Il jouait sur l'île de la Cité, sur la grève qui faisait face au quai des Augustins.

J'ai tout à coup dans l'esprit que le mot picorer tombe à pic, exactement comme un bec ou un rostre happe un grain ou un ver. Par Sénèque le Père et par Pollio et par Porcius Latron, on sait qu'Albucius connut des crises de mélancolie au cours desquelles il arrivait que le langage lui défaillait. Parfois il se prenait pour une bondrée et il picorait l'air. Il battait des ailes. Il happait une proie imaginaire dans les airs. Après qu'il eut perdu dans une inondation vingt vaches et bœufs, une ferme entière qu'il possédait dans le Piémont, à Novare, huit esclaves, onze femmes et trois hectares de champs qui n'avaient pas été encore moissonnés, il commença une intrigue sur l'amour contre nature d'une mère prêtresse pour son beau-fils aveugle et sodomite par ces mots : « O juges, nous avons sans cesse l'eau jusqu'à la taille dans la mort. En une nuit elle monte jusqu'au menton. Des vagues par moments nous empêchent de parler. » Quand vint son tour, Cestius commença sa déclamation par feindre qu'il ne pouvait pas desserrer les dents. Enfin, comme il s'essuyait les lèvres avec un pan de sa toge, il dit : « O juges, pardonnez mon silence. Une vague d'Albucius m'importunait les lèvres. J'attendais que la mort se fût retirée derrière les champs de moules. »

Le nom d'Albucius Silus, à nos oreilles, semble lié encore à cette peur. Deux mille ans ont passé. Sa peur de disparaître pourrait être disparue avec le corps, avec le bûcher, avec l'urne. Mais le nom n'est pas seulement demeuré : la langue qui a hérité de Rome et que je parle le transforme. Mes lèvres prononcent : « Albucius Silus. » On songe à « balbutier », à cette façon de dire : « Il balbutie », et on songe au silence. On évoque une rime intérieure progressive, *cius silus*, que la plus antique cité du peuple qui parlait cette

langue — Albe — devance. On voit brusquement
l'enfant Ascagne marchant à étapes dans le
Latium. On est en – 1148. Il descend les monts
albains, il passe les pins, il passe les chênes-
lièges, il s'approche du lac. La barque sculptée
dans le laurier l'attend sur le bord de la rive.
L'odeur des fleurs jaunâtres, des petites grappes
de baies bleues (les « bacca laurea ») le prend à
la gorge. Il s'assoit dans la barque odorante qui
bouge. Il a une branche rouge d'acacia à la main.
C'est l'album du monde. C'est-à-dire une planche
dressée à un carrefour et qui est couverte de
plâtre.

Il ne fit pas paraître ces romans-plaidoyers.
Aucun déclamateur ne publia ces sujets si étonnants et si excessifs. Cestius dit dans sa *Satire* :
Vagabatur lugubri sordidaque praetexta. (Il était
vêtu d'une robe prétexte de deuil comme en
portent les enfants et toute sale). Les contro-
verses romaines ont transité dans les *Gesta roma-
norum* et ont été traduites au XIIᵉ siècle en roman
dans le *Violier des Nouvelles Françoises*.

La veille des ides de mars – 43, César soupait
chez Lépide. Il mangeait deux rougets et du pain.
Il signait des lettres à table tout en mangeant les
filets des deux poissons. Il était accoutumé de
faire ainsi. Dans la nuit, il y eut un coup de vent
qui déchira les volets de bois et surprit jusqu'à la
porte de bronze qui s'ouvrit. Sa femme Calpur-
nia se réveilla en pleurs. Il parla latin en mourant. Il fut seul. Les conjurés parlaient en langue
grecque. Il reçut vingt-trois coups. Le coup que
porta Brutus avec son épée fut dans l'aine. Il
poussait des petits cris. Il cacha sa tête sous sa
robe. Il cacha son sexe que le fils de la femme

qu'il avait le plus aimée au monde avait ensan-
glanté.

Plus que toute autre nation, la communauté
des Juifs marqua avec insistance sa douleur de
la mort du dictateur, parce que le grand César
avait vaincu Pompée, qui autrefois avait pris
Jérusalem et en avait souillé le temple. La nation
juive en avait conservé la mémoire particulière.
Octave revint en hâte de Grèce. Il gagna le port
du Pirée. Il embarqua sur une petite galère. Il
était plus que maigre, chétif, parlant la langue
des Grecs en chuchotant, d'une grande modestie,
indice des orgueils dévastateurs. Il était si timide
qu'il en fit un stratagème qu'il mêla de silence.
Toute sa vie il souffrit de dartres, de faiblesse
congénitale de la hanche, de la cuisse et de la
jambe gauches, de crampes de l'index droit, de
coliques néphrétiques, de calculs et sinusites
chroniques. Le futur empereur Auguste n'était
pas de marbre. C'était un répertoire d'hystéries
qui ne laissait pas néanmoins d'être assez beau.

Toute sa vie Albucius Silus haït Auguste. Il ne
supportait pas qu'il parlât grec. Albucius aimait
les pâtisseries sucrées aux châtaignes. Il abomi-
nait les chandelles de suif. Sur le mont Caelius,
il possédait deux maisons en angle, à l'est d'un
grand parc. En contrebas, il y avait près du mur
la roue des lauriers-roses. Plus haut s'élevaient de
vieux cyprès très verts encore, très hauts. A
mi-pente s'allongeait le grand bosquet de platanes.

Albucius se levait avant le jour. Il regardait
apparaître le soleil. Il aimait le soleil levant mais
il le regardait avec inquiétude. « Le monde prend
fin, disait-il souvent. Je sens dans le soleil depuis

quelque temps quelque chose qui hésite à renaître. »

Les jours les plus sombres, Seneca raconte qu'il disait : Numquid perpetuus ignis exstinctus est ? (Le feu éternel est donc éteint ?) Il disait aussi : « J'ai haï Spuria. J'ai eu une fille féconde et je l'aimais. Une naissance l'a emportée et son visage est peint sur la paroi interne de mon crâne, sous mon front. J'ai une aînée qui est grasse et non mariée, qui a le ventre plein de vin et l'utérus rempli d'un sperme qu'elle ne sait pas lever. Polia m'aime à l'excès et c'est sans grand retour. »

C'est lui qui créa ce tour : Introrsus erumpentes lacrimas ago. (Je refoule des larmes qui sont prêtes à sortir.)

La volière était dans l'angle de la demeure tourné vers le sud. On sait que lors de l'une de ces crises mélancoliques Albucius a prononcé ces mots : « J'éprouve de la détresse à multiplier tant de soupçons sur les desseins qui me guident et tant d'inquiétudes sur les déclamations que je compose. Je n'aurai de répit que lorsque je serai descendu dans l'Erèbe et à l'instant où j'aurai pris aux genoux l'auteur de l'*Odyssée*. Je crois que les Pères auraient été bien inspirés de me lier du désir où je suis d'être Homère. » Il aimait à errer dans le parc. En vieillissant, son goût pour les oiseaux diminua. Le matin, il errait dans le grand bosquet des plantes humides.

CHAPITRE XIV

Les pères et les fils

Il aurait voulu des fils. Il n'avait que des filles : une morte, une Milanaise et Polia. Il n'a jamais parlé de son père. On se souvient de cette plainte du père dans *Le chef des pirates* : « Il y a partout des gémissements de fils sous les choses. » Et le fils archipirate, ruisselant d'eau, survivant du naufrage, répondait : « Tu m'as toujours préféré mort. »

Albucius concluait son roman : « Nous ne sommes que des débris dans l'affection des pères. » Les résumés que Seneca, Cestius, Arellius, Asinius Pollio ont notés ne sont que des débris dans l'affection des lettrés. Je mets à la queue leu leu huit débris.

LE FILS BROYANT LE POISON

Ter abdicatus venenum terens

Un père haïssait son fils. A trois reprises il le chassa de sa demeure. Trois fois le tribunal condamna le père et restitua l'enfant. Le père surprit dans l'ombre de sa chambre le fils en train de broyer du poison.

— Que fais-tu ? dit le père.

Il vit dans le regard de son fils que son fils se préparait à le tuer et il comprit le motif qui nourrissait cette vengeance. D'une main il prit le mortier de marbre jaune, de l'autre il tint son fils par le bras. L'épaule de son fils tremblait sous ses doigts. Mortier et fils, il les produisit sur-le-champ devant le juge.

— C'est la quatrième fois que je réclame l'abdication, dit le père. Mon fils broyait un poison dans un mortier de marbre jaune. Voici le mortier.

Le juge interrogea le fils. Le fils en convint et dit :

— Mori volui. (C'était pour mourir.) Trois fois mon père m'a chassé. Quelque chose en moi n'existe pas. Quelque chose dans le fils inspire du dégoût à son père. Je ne suis pas digne de vivre. Je suis las de déplaire. J'avais tellement le désir de disparaître. J'ai préparé ce poison.

Le père : C'est un parricide que préparait mon fils.

Le fils : Non. C'est un suicide que je mettais en poudre. A force de ne plus exister aux yeux de mon père, j'ai voulu devenir invisible.

Albucius élevait la voix alors et, imitant la voix basse du père, disait :

— Cum se mori velle dicat vitam rogat ! (Il dit qu'il veut mourir et il demande la vie !)

Le père brandissait le mortier de marbre jaune sur la tête de son fils enchaîné et la lui rompait. Des morceaux du cerveau de son fils ensanglantaient sa main. Il disait :

— Il désirait tellement mourir. On ne retient pas l'affection d'un père.

Le père était relaxé pour cause de défense légitime. Il mettait les cendres de son fils dans le mortier jaune et il disait : « Ceci est un médicament. »

LES DEUX FRÈRES

Fratres pancratiastae

Dans une cité de province, un homme prépara ses deux fils pour le pancrace. Il les présenta pour concourir à Olympie. Le sort les désigna pour lutter l'un contre l'autre. Le père s'approcha des deux combattants alors qu'ils s'huilaient le corps mutuellement et il leur dit :

— Abdico eum qui victus erit. (Je chasse celui qui sera vaincu.)

A midi, alors que la chaleur était à son comble, ruisselant de sueur et de sang, les jeunes gens moururent tous deux en luttant l'un contre l'autre. Ils s'étreignaient encore tandis qu'ils expiraient. On leur décréta les honneurs divins (sic : divini honores). La mère se leva et accusa son époux de sévices.

— Le combat n'était pas égal. Ils étaient trois à se battre à deux : ta parole et leurs mains.

— Cela fait cinq.

— Même dans la mort ils se sentaient menacés par ta voix.

— Je n'avais pas l'intention de faire ce que j'avais dit. Si je l'ai dit, c'était pour leur gloire.

— Ils ne peuvent ni vaincre ni perdre. Ou bien ils sont fratricides ou bien ils sont chassés.

— Femme, pourquoi suis-je en butte à ta haine. Un terrible deuil nous est commun.

— Ils entendent ta voix quand ils expirent. Ils entendent comme un bourdonnement dans leurs oreilles : « Abdico eum qui victus erit ! » (Je chasse celui qui sera vaincu !)

LA TRAHISON DU PÈRE

Cavete proditionem

Un père et son fils briguent le commandement en chef de l'armée d'Asie. Le fils est préféré au père, il combat, il vainc. Tout à coup il est pris par l'ennemi : aveuglé, essorillé puis mis à mort. Un soldat demeuré sur le champ de bataille prononce en rejetant le souffle et en crachant du sang ces deux mots :

— Cavete proditionem ! (Prenez garde à la trahison !)

On retrouve le père vivant à quelques lieues de là. On soulève sa tunique : près de ses couilles un sac plein d'or pend. Cestius n'a conservé que deux petits fragments de ce roman. Le premier est celui-ci : « La présence de l'argent prouve la trahison. » Le second est célèbre : « Tristiorem istum vidimus cum filius imperator renuntiatus est quam cum captus. » (Nous l'avons vu plus triste d'apprendre la nomination de son fils que sa captivité.)

LES JUMEAUX MALADES

Gemini languentes

Deux petits jumeaux tombent malades. Leur état s'aggrave d'heure en heure. La mère, livide, échevelée, pleure sur un triclinium. Le père reçoit les médecins les uns à la suite des autres. Tous désespèrent du sort des enfants. Un seul promet la guérison d'un des petits jumeaux aux conditions suivantes : a. qu'on lui permette de tuer l'autre, d'ouvrir son ventre, d'en étudier l'entraille ; b. qu'on lui verse avant d'opérer 200 000 sesterces dont la moitié en œuvres d'art.

Le père consent. Le médecin ouvre l'un, guérit l'autre. La mère poursuit le père devant les juges et l'accuse de sévices.

— Il a tué.

— Un mort était le prix d'une vie.

— Il a dilapidé l'héritage de ses aïeux pour qu'un mage fasse une dissection vivante. O mon fils mort, toi qui erres vagabond parmi les ombres en invoquant ta mère, tu te plains d'une défiguration qui n'est pas intelligible, même aux yeux des monstres et des héros. Tes blessures cherchaient mes lèvres et je n'étais pas là.

L'ONCLE QUI CHASSE SON FILS ADOPTIF

Patruus abdicans

A Rome. Deux frères d'une cinquantaine d'années étaient brouillés. On ne sait plus la cause d'une haine que la fraternité suffit à expliquer. L'un d'eux avait un fils. L'oncle du jeune homme tombe brusquement dans la misère, à la suite d'un navire perdu. Le jeune homme lui procure des aliments. Un autre jour, il lui fait don d'une vieille toge. Son père le lui défend mais le fils passe outre la défense qu'il lui en fait. Son père le chasse. Le fils ne proteste pas. Il est adopté par son oncle. Un ami tombe de jument et laisse à l'oncle ses biens. Il est riche. L'oncle fait partager à son neveu les biens dont il vient d'hériter.

C'est alors que le père, à la suite de mauvaises affaires, commença à être dans le besoin. Il laisse pousser sa barbe, laisse flotter ses cheveux de douleur. Son ancien fils, quelque chassé qu'il soit, lui donne des aliments et lui apporte une amphore de vin couverte de plâtre. Son oncle le lui interdit mais le neveu adopté passe outre l'interdiction qu'il lui en fait. Son oncle en appelle au tribunal pour abdiquer la filiation de ce fils (pour le restituer à l'état ancien de neveu).

L'oncle : Ton père le premier a défendu de me donner des aliments.

Le fils : Imitationem alienae culpae innocentiam vocas ? (Imiter la faute d'un autre, est-ce être innocent ?)

L'oncle : Tu adoptes celui qui t'a chassé. Tu me chasses.

Le neveu : Même si tu me chasses, je te donnerai du pain.

L'oncle : Lorsque j'ai reçu ces biens, je n'ai ressenti d'autre joie que de te donner tout un jour, et que de lui refuser tout à jamais. Tu m'ôtes ma joie.

Le neveu : Je n'ai pas un père et un oncle. J'ai deux hommes qui m'écrasent en luttant. J'ai deux hommes qui m'abdiquent quand j'approche de la mie de pain de leurs vieilles dents.

L'oncle : Je déteste que tu aimes un homme cruel.

Le neveu : Misericors sum. Non muto. (Je suis sensible à la pitié. Je ne change pas.) Ce qui m'avait fait te plaire, te déplaît.

Gallion faisait dire au fils :

— Quid, si flere me vetes, cum vidi hominem calamitosum ? (Quoi ? Tu veux m'empêcher de pleurer lorsque j'ai vu un homme malheureux ?) Affectus nostri in nostra potestate non sunt. (Ce que nous éprouvons n'est pas dans notre pouvoir.)

Le mot qu'eut Vallius Syriacus en traitant cette déclamation fut très applaudi :

— Vos, judices, audite quam valde eguerim : fratrem rogavi. (O vous, mes juges, connaissez toute l'étendue de ma détresse : je me suis adressé à mon frère.)

Latron terminait pour son compte le roman de la sorte :

— Parcite, quaeso, patres : praesentes habemus deos. (Epargnez-moi, ô mes pères, je vous en supplie : il y a des dieux qui surveillent les hommes.)

J'admire la phrase de Gallion : « Ce que nous éprouvons n'est pas dans notre pouvoir. » C'est le tragique même. Deux débris d'intrigues sont plus brisés que d'autres : Une femme tue sa fille pour empêcher qu'elle épouse l'homme dont elle est la maîtresse. La mère dit : « Morietur antequam nubat. » (Ma fille mourra plutôt que de l'épouser.) Elle dit pour se justifier, après qu'elle a tué sa fille avec un oreiller : « Je pouvais louer un gendre dont j'aimais plus que tout le corps mais je ne pouvais le partager avec ma fille. » Une belle nouvelle d'Arthur de Gobineau s'intitule *Adélaïde*.

L'autre roman, au contraire du précédent, rapporte l'histoire d'un homme qui cède sa nouvelle épouse à son fils qui meurt. Il entre dans la chambre « stricto gladio » (l'épée nue à la main) et lui demande ce qui le fait mourir.

— J'aime la femme que tu as épousée.

Le père va la chercher, arrache sa tunique, la fourre sous les couvertures bleues.

LE PÈRE ARRACHÉ AU TOMBEAU

Pater a sepulchris a luxurioso raptus

C'est Quintus Haterius qui traita le mieux ce roman. Auguste en l'entendant pleurait. L'empereur se le fit répéter à deux reprises, tant il aimait cette intrigue.

Un père était assis près d'un tombeau et il était en larmes. Il avait perdu ses trois enfants. C'était leur sépulcre. Il ne pouvait faire qu'il n'y vînt chaque jour.

A la fin d'un jour, un débauché le prit de force, le fit porter dans les jardins qui longeaient le tombeau. Pendant que ses esclaves le tenaient, il prit les ciseaux, coupa ras les cheveux du deuil, arracha les vêtements déchirés et sales de la douleur, le fit curer, le fit revêtir des habits de lin rouge et jaune, le plaça à sa droite à un festin officiel, le nourrit, le fit boire, invita les danseuses à danser, chanta.

Une fois le festin terminé, les édiles partis, les habits ôtés, la nuit consumée, le père quitta la demeure et vint trouver les juges. Il intenta contre le jeune patricien un procès pour injure.

— Numquam lacrimae supprimuntur imperio ; immo etiam irritantur. (Jamais un ordre ne tarit les larmes ; au contraire leur interdiction les provoque.)

— J'ai désiré lui donner un peu de joie et alimenter son corps amaigri.

— Il m'a emmené de force dans un état tel que je rougissais de paraître à un festin. Il m'a renvoyé dans un état tel que je rougissais de m'asseoir auprès d'un tombeau.

— Je m'approchai, les esclaves à ma suite. Je me saisis de lui et lui demandai : « Quousque flebis ? » (Jusqu'à quand pleureras-tu ?)

— Est quaedam in ipsis malis miserorum voluptas. (Les douleurs mêmes causent une sorte de plaisir à ceux qui en souffrent.)

— Ta justification est honteuse. C'est un grand et impudent plaisir que celui qui naît de la plainte. Ce plaisir commande bien des impuissances et bien des revers.

— J'aimais mes fils. Il n'existe pas d'homme qui s'arroge le droit de censurer une larme. Je les appelais par leur nom et ils ne m'entendaient plus. Je parlais à une cendre plus légère que le sable et que j'avais beaucoup aimée.

— Je passais chaque jour devant cet homme. Je le voyais s'amaigrir, se salir. Sa robe sordide flottait autour de lui. Il mourait. J'ai voulu consoler un homme qui était malheureux.

CHAPITRE XV

Auguste

L'empereur Auguste allait écouter les romanciers déclamateurs. Ou il les faisait venir au palais. Seneca montre Auguste, Marcus Agrippa et Mécène s'asseyant sur des pliants, Mécène sifflant Porcius Latron parce qu'il se montrait trop caustique à l'égard de Marcus Agrippa et de ses origines serviles. Au contraire de César, Auguste vantait le style dont usait Albucius Silus mais il n'aimait pas l'homme, son caractère sauvage, anxieux, mélancolique, son grand chapeau, ses ibis et ses marabouts, ses opinions butées. Auguste aimait en outre qu'on improvisât, alors qu'Albucius y répugnait et non seulement préparait ce qu'il allait dire mais parfois même lisait ses romans. Auguste mettait très haut Lucius Vinicius et ne manquait pas ses improvisations. L'empereur disait :

— Vinicius ingenium in numerato habet. (Le talent de Vinicius, c'est de l'argent comptant.)

Je viens de donner à lire un roman où Quintus Haterius avait excellé et à la lecture duquel

Auguste versa des larmes. Haterius ne s'était jamais remis de la mort de son fils Sextus. Parlait-on devant lui de fils, d'enfant, du mot « sextus », de mort, de jouets, qu'il s'effondrait en sanglots et toute sa vie, il en fut ainsi. Le roman que j'ai cité, il ne pouvait le déclamer sans que des sanglots fissent trembler sa voix au point qu'il l'ôta de son répertoire. Auguste disait :

— Quintus Haterius fait bien voir toute la place que la douleur tient dans le talent (« quam magna interim pars esset ingenii dolor »).

L'empereur reprochait à Quintus Haterius de parler trop vite et il disait :

— Haterius noster sufflaminandus est. (Notre Haterius aurait bien besoin d'être enrayé.)

A vrai dire l'empereur ne louait pas beaucoup le débit et la surabondance d'Haterius. Il arrivait qu'il s'en moquât. Un mot d'esprit courut la cour. Haterius avait dit un jour, dans une déclamation au cours de laquelle un jeune esclave se défendait d'avoir accordé ses faveurs à son maître :

— Impudicitia in ingenuo crimen est, in servi necessitas, in liberto officium. (L'absence de pudeur chez un homme libre est un crime, chez un esclave une obligation, chez un affranchi un service.)

L'empereur usa aussitôt de ce mot et toute la cour fit de même. On ne disait plus : « Prête-moi ton cul », mais « Non facis mihi officium ? » (Tu ne me rends pas un service ?) Durant tout le reste de sa vie l'empereur cesse d'user des mots « débauchés » ou « obscènes » et leur substitua le mot « officiosi » (les gens serviables).

C'était un homme peureux, cruel, disert, civilisé. Il aimait crever les yeux de sa main. Il haïssait la brique. Bon lettré, il ne se fiait jamais aux critiques ni aux professeurs. Pour la langue il était très difficile. Il avait toujours du plaisir à visiter les bibliothèques privées ou publiques, et à y demeurer des heures. Il aimait Rome avec d'autant plus de véhémence qu'il n'était pas d'origine romaine. Il était féru des choses anciennes et des racines des traditions nationales. Il songea à ses deux petites-filles — Julie et Agrippine alors hautes comme trois pommes — pour les offrir à la virginité et en faire des vestales. Quand il se rendait au Sénat, Auguste avait coutume de mettre une cuirasse sous sa toge.

Octave citait souvent le livre VIII de la *Politique* d'Aristote. Ce sont les pages où Aristote indique quels moyens un prince doit employer pour se maintenir au pouvoir et conserver l'apparence de la puissance. César vivait encore quand Octave lisait Aristote en Grèce. Il résumait ces lignes de la sorte : Intervenir dans la nomination de ceux qui peuvent. Empêcher les assujettis de se pelotonner entre eux, aider à ce qu'ils ne se connaissent pas au point qu'ils se craignent les uns les autres. Savoir dans l'heure ce qui se chuchote. Tenir compte de temps à autre de la rumeur pour la prendre à contre-pied ou la rendre non pas vaine et inutile mais plus incertaine et plus anxieuse. Se présenter comme le soutien de la paix intérieure, comme le garant de la tradition qui a présidé à la puissance et à sa généalogie, comme le garant de l'avoir de ceux qui ont contre ceux qui n'ont pas, comme le garant des droits de ceux qui n'ont pas contre ceux qui ont, comme l'aiguillon de l'orgueil de tous, comme l'appui de ceux qui sont dévoués. Gratifier toujours et sur-le-champ le dévouement dont ils font preuve. Occuper l'attention de tous par des guérillas imprévisibles aux frontières sans qu'elles mordent sur elles. Bâtir des choses en pierre qui passent la durée de la vie des humains et qui portent une ombre sur les siècles. Donner des milliers de coups impitoyables et faire de temps en temps une ou deux grandes clémences pour en obtenir le renom. Par exemple : « J'ai épargné Cinna. La raison m'en échappe encore. J'aime si peu le sang, etc. » Utiliser la haine que l'on vous porte et retourner l'inimitié de ceux qui vous flétrissent comme une clientèle de gloire, comme des chevaux de poste plus véloces que des chevaux de poste. Faire de la curée une réclame. Arroser les ennemis de méfaits pour qu'ils conservent leur virulence et la promptitude qu'ils mettent dans le rapport. Ne pas garder rancune à ceux qui sont morts de les avoir tués, à ceux qu'on a écartés d'être lointains, à ceux qu'on a fait venir d'être menaçants. Ecouter les femmes avec attention tout en caressant leurs mains. Telle était la pensée qu'avait empruntée Octave. Ce qu'il appelait la paix aurait pu être appelé le silence. Le silence, cela revenait à commander des poèmes et à les payer de vignes. Le silence, outre la poésie, était aussi le bruissement que ne pouvaient plus faire des morts.

Il ne voulait pas qu'on mît de manteaux, parce qu'ils assombrissaient la blancheur traditionnelle de la toge romaine. Il appréciait les amis et les bêtes, les enfants, sa femme Livie au point qu'il ne s'en sépara pas. Il convia Albucius et six autres déclamateurs (dont Quintus Haterius et Asinius Pollio) pour leur montrer un rhinocéros qui venait des Indes. Il aimait plus les bosquets que les statues et plus les animaux sauvages que les tableaux. Ses lieux de villégiature préférés étaient : la côte et les îles de la Campanie, Lanuvium, Preneste, Rome, Tibur. Il appréciait les portiques du temple d'Hercule à Tibur, leur fraîcheur, les chênes, le silence, leur ombre.

Les historiens et Suétone ont plus laissé de témoignages sur les goûts de l'empereur que sur ceux d'un romancier dont la renommée se limita à une soixantaine d'années. Sur Albucius, on sait pourtant qu'il aimait lui aussi les rhinocéros, les compotiers, les lauriers-roses, les latrines, les éponges, etc.

« Solitus sit crura suburere nuce ardenti quo mollior pilus surgeret. » C'est du moins ce que rapporte de l'empereur son secrétaire particulier pour les enquêtes préliminaires, Caius Suetonius Tranquillus : « Il avait pris l'habitude de se brûler les poils des jambes avec une coquille de noix enflammée afin qu'ils repoussassent moins durs. » On voit que l'empereur ne dédaigna pas le thème du sordidissime. Il eut, dans les trente dernières années de sa vie, pour seul plaisir, secondé en cela par sa femme, la défloration des petites filles : Livie faisait venir pour lui de partout les enfants, les conduisait par la main, les dévêtait. Il aimait le cri aigu qu'elles poussaient quand il les prenait pour la première fois. Jamais, ou très rarement, il ne les pénétrait deux fois : c'était ce cri qu'il voulait d'elles. Il aimait peu la lyre.

Sa passion pour le jeu de dés fut absolue et persista jusque dans l'extrême vieillesse. Il ne jouait pas seulement au mois de décembre mais tous les mois quels qu'ils fussent, tous les jours, qu'ils fussent ouvrables ou fériés, tous les soirs de ces jours.

Il aimait bien sauter à pieds joints. Cela l'amusait. Mais jamais nu : toujours enveloppé d'une couverture afin qu'on ne vît pas ses bourses qui sautaient tandis qu'il sautait et sans qu'il le leur eût ordonné. Il pêchait à la ligne. Il aimait jouer aux osselets, aux dés, aux noix avec des petits enfants. Il en aimait le babil et l'excitation et le goût à être vivant.

Il avait une voix douce, persuasive, qu'il travaillait beaucoup. Toute sa vie il travailla avec un déclamateur. Il aimait les déclamations. Il écrivit lui-même des petits romans : *Rescripta*, *Bruto de Catone*, *Hortationes*. Il écrivit ses Mémoires, *De vita sua* — qui sont presque un roman, n'était la vraisemblance. Il composa des épigrammes. Il était fort drôle.

Il préférait à tout la simplicité et il préférait répéter les prépositions, répéter les conjonctions, répéter les relatifs plutôt que de paraître obscur. Comme Albucius, il aimait les mots bas. Il disait souvent pour noter la promptitude : « Celerius quam asparagi cocuntur » (plus vite que l'on ne cuit les asperges). Il usait de l'expression triviale « betizare » (être mou comme une bette). En écrivant il ne séparait jamais les mots.

Il disait que ses maîtres étaient Apollodore et Areus.

Il éprouvait à l'égard des orages et de leurs signes précurseurs une épouvante qui ne pouvait être calmée. Il avait toujours à portée de la main la peau d'un veau marin qui protégeait de la foudre. Il ne bougeait jamais les jours de nones à cause de l'indication qu'il y avait dans le mot (nonis, « non is », ne pars pas !). Il appelait cela d'un mot grec : la « dysphèmie » des mots, et il était attentif aux conséquences inopportunes que des sons pouvaient entraîner.

Ses goûts étaient d'une sobriété presque vulgaire. Il mettait plus haut que tout les petits poissons frits minuscules, le pain de ménage, le fromage de vache pressé à la main et les figues fraîches à deux floraisons. Il appréciait aussi les dattes très sèches, les grains de raisin à la condition qu'ils ne fussent pas durs et frais, ni secs et très sucrés, mais fripés et aux deux tiers de leur taille. C'étaient les sordidissimes impériaux. Il en aimait la simplicité des noms. Il entendait ne manger que quand il avait faim. L'empereur disait qu'il était un Juif qui jeûnait. Il buvait du vin de Rhétie mais en petite quantité. S'il buvait si peu, c'est qu'il craignait de mourir. Quand il souhaitait se désaltérer, il demandait, sans qu'on pût le prévoir, un pied de petite laitue ou un croûton trempé dans l'eau fraîche ou une tranche de concombre humectée.

Il faisait chaque jour une sieste en chaussures. Il dormait mal et peu, ou du moins d'un sommeil qui se coupait. Il faisait appel à des lecteurs qui lui disaient des romans ou des contes ou des déclamations qu'il aimait et qui lui rappelaient la Grèce et les études qu'il y avait faites à l'instigation de son oncle César. Il se levait le plus tard qu'il pouvait. Il haïssait l'aurore.

Il avait un problème avec les noms. Il s'est appelé Thurinus, puis Octavius, puis Caius Caesar, puis Octavianus, puis Augustus.

Il boitait de la jambe gauche. L'index droit lui semblait si fourmillant, si froid et si faible qu'il l'entourait d'un anneau de corne, long de la moitié du doigt, pour écrire. Il rendait en criant des calculs, parfois, quand il était à pisser. A chaque

jour anniversaire de sa naissance il était malade
avec de la fièvre. Les rhumes de cerveau venaient
avec l'été et la chaleur. Le printemps était la saison des coliques.

En hiver Auguste portait des bandes autour
des cuisses et des jambes, enfilait un plastron de
laine puis une chemise puis quatre tuniques,
enfin la toge épaisse. Il avait de l'animosité contre
le soleil. Eté comme hiver, il portait un pétase
grec. Il voyageait en litière, par minuscules
étapes.

Vieux, chaque jour, il faisait relever ses joues
pendantes. Le dernier jour qu'il vécut (mais alors
Albucius Silus était mort depuis quatre années),
il fit relever ses joues comme à l'ordinaire mais
il réclama un miroir. Il fit boucler ses cheveux et
demanda ses amis. Il leur montra de la main le
miroir. Il les examina avec attention. Il leur
demanda s'il leur semblait qu'il eût bien joué la
fable de sa vie et si oui, qu'ils applaudissent
quand on leur annoncerait qu'il serait mort, et il
les renvoya. Il perdit souffle dans les bras de
Livie, les lèvres tendues vers le vieux sein de son
épouse, tandis qu'il chuchotait son nom.

CHAPITRE XVI

La merlette

J'invente cette page. Pas un témoignage antique ne la fonde. J'improvise sur du vent. Ce vent peu à peu désagrège le brouillard qui erre entre les arbres. Au loin un bœuf broute la brume. C'est un jour de mars. Rome s'entretue. Au cours de l'après-midi la pluie blanche et minuscule s'est interrompue. La brume qui l'a remplacée s'estompe sans que l'air pourtant ait toute sa transparence. Des rais de soleil passent dans l'air grenu et le strient. Puis s'accroît un soleil lourd et jaune. Vicerius a franchi la porte qui mène sur la voie Latine. Les jardiniers bêchent la terre. Ils raclent l'allée. Vicerius passe dans les deux pièces latérales, par une habitude qui n'a jamais eu de motif, passe le bassin plein de fougères, entre dans le cenaculum. Le brasier de fer est allumé au centre de la pièce. Il est sans flammes. Ce sont des braises rose et blanc qu'on aperçoit par les trous circulaires. Vicerius s'allonge sur un lit après qu'il a salué Polia.

Polia est le nom de la fille aînée de Caius Albu-

cius. Elle se sent lasse. « Silus » est un sobriquet
qui veut dire camus. Elle est assise. Elle enroule
un volumen. Puis elle s'est levée quand Haterius
en larmes est arrivé et a tendu les bras sur le
seuil. Elle sert le vin dans les coupes et le mêle.
Elle porte une toge démodée qui a une traîne par
terre. Elle va chercher dans la petite pièce à côté
un châle indien qu'elle tend à Vicerius de crainte
qu'il prenne froid tandis que Quintus Haterius
parle de la mort de son fils Sextus. Elle a des cheveux gris et blancs relevés en un lourd chignon
que retient une résille rouge. Ses yeux sont bleus.
Ils ont conservé de l'étonnement et de la vivacité.
Ses seins sont lourds et très séparés, presque sur
les flancs. Son front est plein de rides minuscules. Ses lèvres s'affaissent comme si elle avait
perdu toute illusion et comme si l'essentiel de
l'avenir faisait défaut mais elle sourit.

Albucius entre et s'étend.

— Voilà Junius, dit Vicerius.

Junius Gallio entre, ôte un manteau gaulois
qu'il tend à Polia, qui le tend elle-même à un
esclave.

— Je veux bien un peu de neige, dit Vicerius.

Haterius essuie ses yeux.

— Vous avez lu les derniers vers de Publius
Virgile ?

— C'est nul, dit Junius.

— C'est en deçà, dit Q. Haterius en reniflant.

— Une guerre civile est plus détestable qu'une
guerre étrangère, dit Vicerius.

— Pourquoi ? demande Albucius.

— Toutes les guerres sont bonnes, dit Polia, en
ce sens qu'elles détournent les hommes des
femmes et de la haine qu'ils leur portent.

— Tais-toi, ma fille, dit Albucius.

— Les guerres civiles sont plus détestables parce que les combattants parlent la même langue.

— Qu'est-ce qu'une langue a à faire avec le désir de tuer ?

— On se met à comprendre aussitôt quelle est la bêtise qui a armé les mains.

— Tais-toi, Haterius. Ote ce mouchoir. Il n'y a pas plus de douleur, où on remarque plus de larmes et de gémissements.

— Puis-je marquer mon désaccord sur les guerres ? On ne peut faire l'épargne du sang, de la faim, ni du viol. Cela ne serait pas humain. Je préfère les guerres civiles aux guerres aux frontières, dit Junius Gallio.

— Parce qu'il n'est pas nécessaire qu'on voyage, dit Albucius.

— Vous préféreriez les guerres familiales aux civiles ?

— Est-il nécessaire de les préférer pour qu'elles soient ?

— Autant, pour ne pas s'entendre, ne pas s'entendre, dit Albucius.

— Auquel cas vous préférerez les étrangères aux civiles et les civiles aux familiales, dit Vicerius.

— Non. Je suis sans rêve.

Albucius se tait, fait signe de passer les plats. Il est plus grave. Il dit :

— Polia, ce vin n'est pas bon.

— J'ai pourtant commandé qu'on prît les vieilles amphores scellées, dit Polia.

— A droite, en entrant, dit-il en soupirant.

— Je vais envoyer chercher...

— Vas-y toi-même, ma fille.

Le silence se fait. On entend des petits chants de passereaux. Albucius rompt le silence et dit :

— Vous entendez ?

— C'est un passereau.

— C'est un merle.

— C'est une merlette.

Il dit :

— Nocte quomodo hostem civemque distinguam ? (La nuit, comment distinguer un ennemi d'un concitoyen ?)

— Dissidemus quia nimium similes sumus (Le différend vient de ce que nous sommes trop semblables), dit Junius Gallion.

Vicerius dit :

— Les vaincus réussissent à fuir, les proscrits à se cacher, les naufragés à se sauver à la nage. Les hommes ne réussissent pas à se sauver de la mort.

— Ni l'oiseau ne réussit à se sauver de son chant, dit Albucius.

— Ton jardin regorge de merles. Ton nouveau rocher est beau. Un jardin est aussi un langage. Et les merles trichent et imitent les chants des alouettes et ceux des hirondelles.

— Un jardin n'est pas un langage. Un chant d'oiseau n'est pas la musique. Les merles dans la détresse retrouvent un chant aussi limité qu'il est pur.

— Il est solennel.

Quintus Haterius répétait en pleurant :

— Ab armis ad arma discurritur. (Partout les guerres succèdent aux guerres.) Les fils meurent et leurs pères leur survivent.

— Il faut plutôt dire de la guerre ce que Vicerius disait du chant des merles dans la peur : ce désir de tuer ou de survivre est aussi souillé qu'il est limité et pur. Le langage nous prive de tout en nous donnant toutes choses du monde. La guerre nous retranche de la compagnie de quelques amis. Le monde en est d'autant plus vaste.

— Ce que dit Albucius manque de cœur, dit Haterius.

— C'est que vous ne m'écoutez pas. Le monde est d'autant plus vaste mais la lumière est d'autant plus immense et inutile.

— C'est vrai, dit Quintus Haterius.

— Cette façon de dire est déjà plus convenable. Mais je ne vois pas pourquoi il faut que tu dises ainsi, dit Junius Gallio.

— Je veux dire qu'en cessant de nommer leurs noms, le silence est presque devenu plus silencieux. Si ce n'est la petite merlette qui chante une sauterelle morte.

— Mon fils est mort.

— Ce n'est pas ton fils : c'est une merlette brune et blanche.

— Mes deux fils sont morts.

— Je n'ai pas eu de fils. Mais, faute d'hommes, mes filles ont la vulve vide. Personne ne descendra de moi.

— Le néant vaut mieux qu'un œuf vert moucheté de traits rouges.

— Quand la guerre va-t-elle finir ?

— Quand Octave va-t-il s'éloigner ?

Junius Gallio fit silence et commença à déclamer :

— Foeda beluarum magnitudo, immobile profundum... (Terrible est la taille des monstres, immobile est l'abîme...)

— Nous retrouverons la liberté, dit Vicerius en

se levant et en s'approchant du brasier qui fumait.

— Nous ne retrouverons pas la liberté, dit Albucius.

— La liberté est défendue avec moins de force par ceux qui l'ont perdue qu'elle n'est arrachée par ceux qui l'ignorent.

Quintus Haterius essuya ses yeux avec un pan de sa toge et dit :

— Il faut montrer à ceux qui nous suivent tous ces hommes dont on ne peut pas mesurer la souffrance, dont on peut regretter le nombre mais dont on ne peut pas louer qu'ils se soient assujettis si nombreux à leur anéantissement et qu'ils ne se soient pas rebellés quand ils étaient dans la douleur.

Vicerius remuait les braises avec un petit bâton de fer. Il revint s'étendre. Il dit :

— Cestius prétendait que Cicéron était illettré.

— Je vous en prie, dit Quintus Haterius.

— Mangez. Faites comme je fais, dit Albucius.

— Tu as des mains, Albucius ?

— Quid ridetis, inquam ? Habeo manus (Pourquoi riez-vous, dis-je ? J'ai des mains), dit Vicerius.

— Cessez de vous moquer des succès d'Albucius.

— Cestius s'en charge.

— César s'en chargeait.

Junius se leva. Il demande à Polia où a été déposé son grand manteau gaulois. A son tour, Albucius Silus demande à sa fille où est rangé son chapeau à jugulaires pour accompagner ses amis sous la pluie. Vicerius part en courant, au-devant d'eux, sous la pluie fine. Ils se quittent. Ils avancent en hâte dans le parc.

— Regardez, dit Albucius.

— De nouveau la merlette qui joue dans les gouttes.

— A quoi reconnaissez-vous le sexe des merlettes ?

— Au sexe.

— Le merle est noir de jais, dit Albucius. Il a un bec jaune au bout de son langage. Il chante au crépuscule.

— C'est Albucius.

— Il chante au crépuscule : il bombe la poitrine.

— C'est Albucius.

— Oubliez-moi. Il bombe la poitrine dans la nuit qui allonge et prolonge les ombres. Il chante avec une virtuosité et une pureté extrême les vers et les baies.

— C'est Albucius.

— Il ne chante que des airs passionnés de fécondité et d'avenir. La merlette est brune et petite avec une poitrine beige tachée de brun.

— C'est une girafe.

— Je songe que mon épouse a elle-même une poitrine beige tachée de brun.

— Laissez-moi. La merlette chante mal. Elle chante aux heures plus chaudes à la fin de l'hiver.

— C'est mars.

— Ce sont les oiseaux les moins romains, les plus grecs qui soient. Toute nouveauté les attire.

— Ce sont les oiseaux d'Albucius.

— Laissez ceci. C'est l'oiseau de mars. L'oiseau toujours inquiet.

— Inquietator.

— Sans cesse en alarme sur tout. Oui, dans ce sens, Quintus, je suis un merle au bec jaune.

— Un merle non migrateur.

— Je migre dans mes songes.

Albucius défait les jugulaires sous son menton. Les larmes d'Haterius se mêlent à la pluie. Polia, encapuchonnée dans son manteau, a froid. Albucius dit en les regardant tous les deux :

— Les chats et les pies mangent les œufs des merlettes. Leur nid est bas et sordide. La première ponte vient d'avoir lieu. Le merle noir mange les escargots, les guêpes jaunes, les poires jaunes, les mûres. La merlette mange les limaces, les groseilles à maquereau, les vers de terre, les fraises, les cerises.

— Assez de merlettes et assez de merles, dit Junius.

— J'ai composé ce poème, dit Haterius : Quid contra nesci, pectus ? (Cœur, pourquoi crains-tu ?) Quid, lingua, trepidas ? (Langue, pourquoi trembles-tu ?) Quid, oculi, extimuistis ? (Yeux, pourquoi vous couvrez-vous d'un linge ?) Morior, morior. (Je mourrai, je mourrai.)

— C'est encore le chant d'un merle.

— Aussi solennel que le chant d'un merle.

— Je suis solennel, dit Haterius.

— Il bombe la poitrine. Droit sur ses pattes, il chante la fécondité de son épouse et la beauté des poires jaunes.

— De là son bec, dit Hasterius, comme les bouts de mes ongles sont toujours roses du sang de mon fils.

Quintus Haterius s'est arrêté dans l'allée. Il est près des platanes. Ils s'abritent tous sous les platanes. Il pleure à chaudes larmes. Junius Gallio lui prend le bras.

— Ne songe pas à Sextus tout le temps.

— Reste dans le silence. Les mots n'aident pas.

— Les mots viennent tout seuls, dit Quintus Haterius.

— La douleur les aime.

— Ou elle en a besoin.

— Nous sommes des merles, dit Albucius. Et le soleil s'éteint.

— Les arbres sans feuilles jettent cependant une ombre.

— Avec vos merles et vos ombres, vous errez. Vous aimez trop les mots, Albucius. Vous voulez toujours pour vous le mot de la fin du banquet, dit Junius Gallio.

— Quare scripsisse ? dit Haterius (Pourquoi avoir écrit ?)

— Nous ne nous sommes pas beaucoup éloignés du silence en écrivant, dit Junius.

— Nous sommes des merlettes auxquelles l'aile, mars, le bec, le chant, la poire jaune et le crépuscule font défaut, dit Albucius.

— Que reste-t-il ?

— Jam tempus angustum est. (Il reste bien peu de temps.)

— Il reste un songe.

— Qu'est-ce que picore un songe ?

— Qu'est-ce que mange une merlette ?

— Le reflet d'une poire mûre.

— Le jus rouge d'une mûre mûre.

— Les pattes d'une sauterelle morte.

— Le brouillard de mars à l'instant où elles pondent.

— Les brindilles d'un nid.

— Rien que le jouet du chat ou les proies de la pie.

Il les regarde partir. Polia a si froid qu'elle regagne impatiemment la maison. Une brume froide se répand sur le jardin et l'offre à la nuit.

Il ne rentre pas encore. Il accroche l'une à l'autre les jugulaires du chapeau. Il sent la broche de bronze sur la peau. Il fait un signe au loin à Polia qui s'est retournée vers lui, sous la porte. Il tourne le dos à la grande bâtisse blanche. Il s'essuie le visage avec ses doigts longuement. Longuement il frotte les coques des paupières qui enveloppent ses yeux. Ses yeux sont douloureux. La nuit engloutit les arbres qui bornent le jardin. Il n'y a plus d'oiseaux qui murmurent. Il frissonne. Il fait des grands pas sur la pelouse.

CHAPITRE XVII

Les tyrannicides

En – 38, Octave engagea la guerre contre les pirates de Sextus. Il reprit la Corse, la Sardaigne, rata la Sicile. Albucius composa *La citadelle* en octobre – 38. Il composa *Le tyrannicide* et *La maison brûlée* durant la guerre de Sicile.

En – 31, c'est la bataille d'Actium, à l'entrée du golfe d'Ambracie. Octave réunit à l'empire italien, espagnol et gaulois l'empire grec, arabe, égyptien et juif.

En – 30, Cléopâtre et Antoine meurent. Horace est reçu par Albucius Silus dans sa maison de la porte Capène. Il compose *Satires II*, se fâche définitivement avec le romancier pour des raisons qui ne sont en aucune façon politiques, mais qui concernent la technique du roman. Il semble qu'il se soit agi d'une discussion d'hommes de lettres. Néanmoins l'enjeu — en regard de l'œuvre d'Albucius comme de celle d'Horace — a plus de profondeur et entraîne plus de conséquences. Il s'agit du « ductus obliquus », qui est un vieux tour par lequel l'auteur dit et dément ce

qu'il dit. Les anciens Romains étaient très cho-
qués de ce tour (qui enchantait les orateurs et les
sophistes de la Grèce). Pour peu qu'on donnât
beaucoup d'éclat à ce qui était dit, le démenti
final n'en détruisait nullement l'impression.
Albucius prétendait que même la négation
n'existe pas. Le « déclamateur » s'opposait au
« satiriste » Horatius en allant jusqu'à nier que ce
procédé fût même une « figure ». Ce faisant Albucius allait à l'encontre de la conscience romaine
et des vertus de franchise et de vérité. Selon lui,
il n'y avait pas d'hypocrisie, il n'y avait pas d'iro-
nie. Qu'ils fussent niés, disait-il, ou qu'ils fussent
démentis, ou qu'ils fussent concédés, ou qu'ils
fussent attributifs, seuls les substantifs et les
verbes laissaient une trace dans la mémoire
de l'auditeur. Horace défendait l'existence des
signes prépositionnels et syntaxiques et leur
importance argumentative. En – 27, Octave
devient Auguste. La tyrannie devient universelle.
C'est la grande flambée des romans tyrannicides.
Auguste laisse dire.

LA CITADELLE

A filio in arce pulsatus

On suppose une loi : « Qui patrem pulsaverit,
manus ei praecidantur. » (Celui qui aura frappé
son père aura les mains coupées.) On suppose
une action : Un tyran manda à la citadelle un
citoyen et ses deux fils. Il exigea du père une
convention que celui-ci lui refusa. Il fit mettre nu
le père devant ses enfants, fit attacher ses mains
derrière son dos. Il ordonna aux jeunes gens de
frapper leur père.

— Caede (Frappe), dit le tyran.

— Non caedo (Je ne frappe pas), rétorqua l'aîné.

— Verbera (Bats-le).

— Non ferio (Je ne le bats pas).

Soudain l'aîné se jeta par la fenêtre de pierre sans un cri. Il s'écrasa au bas de la citadelle sans qu'on entendît rien dans la salle que le bourdonnement de la chaleur. Le frère cadet frappa son père nu au visage et à la poitrine. Le père fut chassé. L'enfant demeura auprès du prince. Il fut admis dans l'intimité du tyran. Il lui offrit son derrière dans les banquets.

Le premier soir où ils se retrouvent seuls dans la chambre du tyran, l'enfant est nu et à quatre pattes, il attend le désir du prince, il cache un petit poignard contre son sein. Il tua le tyran tandis que celui-ci le chevauchait en soupirant.

La cité lui offrit une récompense mais un citoyen invoqua la loi et demande que ses mains soient coupées. Son père prend sa défense.

— Haec vulnera quae in ore videtis meo, postea feci quam dimissus sum. (Les blessures dont vous voyez les restes sur mon visage, c'est moi qui me les suis faites une fois relâché.) Je descendais la ruelle de la citadelle : je découvris mon fils mort dans une boue de sang. Je labourai de mes deux mains mes seins et mes joues. Je sautai de douleur.

L'argument d'Albucius était le suivant : « Occisus est tyrannus. Praecidetis tyrannicidae manus ? Aiebam : Fili, fortius feri : tyrannus spectat. » (Le tyran a été tué. Couperez-vous les mains qui ont tué le tyran ? Elles ne m'ont frappé que parce que je disais : Mon fils, frappe plus fort : le tyran regarde.)

— Il offrit son anus à polluer.

— En tuant le tyran, il lui disait : Frater te ferit, pater ferit ! (C'est mon frère qui te frappe, c'est mon père qui te frappe !)

Le fils disait : Quand je regardais les parties génitales du tyran, c'est vous que j'avais devant les yeux : temples, lois, patrie !

Albucius faisait répondre au père : Quand mon fils cadet est redescendu de la citadelle, la tête sanglante du tyran au bout de son couteau, je n'ai pas baisé les fesses de mon fils, mais ses mains.

Le fils disait : « Ut validius caederem, pro re publica feci. » (Si j'ai frappé un peu fort, c'était pour l'Etat).

Le père disait : « Comprensas fili manus in os meum impegi, caedentem consolatus sum. » (C'est moi qui ai saisi les mains de mon fils et qui les ai portées contre mon visage. Pendant qu'il me frappait, je le consolais.)

Albucius fut critiqué pour avoir ajouté cette scène : le père nu, frappé au visage et à la poitrine par son fils cadet, après qu'il a trouvé dans la ruelle le corps de son aîné écrasé sur les pierres, prenait les mains du cadavre et s'en frappait les joues.

— Ce n'est pas mon cadet qui m'a battu, c'est mon aîné ! s'écriait-il. Ipsas cadaveris manus in me ingessi ! (J'ai fait battre mon visage par les mains elles-mêmes du cadavre !)

LA MAISON BRÛLÉE

Domus cum tyranno incensa

Un citoyen veut tuer le tyran. Le soir tombe. Il monte à la citadelle. Le tyran s'enfuit à la faveur de la nuit commençante, court en grande hâte dans les ruelles. L'homme le serre de près et le contraint à pénétrer dans une maison qui se trouve là, à l'angle de la rue.

Le citoyen prend une torche de résine au carrefour. Il met le feu à la maison. Le tyran meurt dans les flammes. On entend des cris. Les citoyens accourent. Au matin, tyran et maison ne sont plus qu'une poudre qui fume et que la cité contemple.

On monte l'homme sur les épaules de tous. On lui vota une statue qui perpétuerait son action et son nom. Un homme s'avança et dit :

— J'intente un procès pour dommage au héros. Redde domum ! (Rends-moi ma maison !)

— Tu veux que je rende le tyran aussi ?

— Non le tyran qui a brûlé mais la maison que tu as incendiée.

— Tu étais l'ami du tyran sans quoi il ne serait pas entré dans ta maison. Il ne fallait pas être l'hôte du tyran si tu ne voulais pas du tyrannicide.

— Je ne connaissais pas le tyran. Il s'est jeté où il a pu et où je n'étais pas. Que léguerai-je à mes fils ?

LE TYRANNICIDE

Tyrannicides

Un homme eut un frère tyran. Il entendit le tuer malgré les prières de son père qui tentait de le fléchir. Il monta à la citadelle. Il lui ficha l'épée dans le cou. Il nettoya son arme sur la toge de son frère effondré sur la chaise curule.

Il redescendit. Il rentra dans la demeure où il

surprit son père qui pleurait. Il pénétra dans son appartement et il découvrit son second frère qui enfilait sa femme sur un coffre. Il le tua malgré les prières de son père qui tentait d'excuser son cadet, arguant de la beauté de sa femme et de la chaleur du jour. Le fils essuya l'épée dans l'étoffe de la tunique de sa femme : elle avait sa tunique relevée jusqu'au cou. Elle était silencieuse. En le regardant se préparer à la tuer, elle avait un visage épouvanté. Enfin, il égorgea sa femme et essuya l'épée sur la toge de laine de son père. Son père le chassa. La cité lui vota une statue : « Au libérateur de la cité ». Il prit la mer.

C'étaient alors les guerres des pirates. Le tyrannicide fut pris par les pirates. Ils fixèrent la somme de la rançon. Les pirates le contraignirent à écrire à son père de le racheter. Son père répondit directement aux pirates sur une double tablette de buis qu'il donnerait le double de la somme demandée s'ils coupaient soigneusement les deux mains à leur prisonnier et s'ils les lui faisaient parvenir dans une boîte. Les pirates mirent aussitôt le fils en liberté et ils le couvrirent d'or. Ils lui offrirent d'être pirate. Il refusa. Il rentra dans la ville où il reçut tous les honneurs.

Il arriva que son père tombât dans la misère. Le fils refusa de le nourrir. Le père engagea un procès.

— Qu'il ronge le songe de mes mains ! dit le fils.

Le fils fit apporter les tablettes de buis doubles qu'il avait conservées après que le chef des pirates les lui avait remises. Le sceau brisé pendait. Il lut les mots : « Duplam dabo pecuniam. » (Je donnerai le double de la somme.) Quand il arriva aux mots : « si manus praecideritis » (si vous lui coupez les mains), le juge pleurait. Il disait :

— Il n'y a pas eu d'hommes plus cruels.

Le père faisait taire la huée de la foule qui entourait le tribunal et prononçait ces mots :

— Duxi uxorem nimium fecundam. (J'ai épousé une femme trop féconde.) Elle a poussé de ses flancs trois hommes dans la lumière : un tyran, un adultère, un parricide. O juges, pourquoi glissons-nous un peu de notre semence dans le ventre de nos femmes ?

Le fils s'écriait :

— Ades, pietas. Si sancte vixi, si innocenter, effice ut iste manus meas qui odit desideret ! (Vertu, exauce-moi. Si ma vie a été pure, sans taches, fais que l'homme qui a détesté mes mains ait à les regretter !)

En prononçant ces mots, il avançait, les mains hautes, tendues en direction du cou de son père.

LE TYRANNICIDE ADULTÈRE

Tyrannicida adulter tyranni

Un citoyen monte à la citadelle du tyran. Il ouvre furtivement la porte d'une chambre. Les volets de bois sont repoussés. Dans l'ombre, il fait tomber sa tunique. Il arrache ses sandales. Il bande. Il s'approche du lit. Un homme nu monte sur une femme qui est l'épouse du tyran. Ils s'étreignent et tentent de jouir.

Le tyran arrive soudain, les surprend, sort son épée du fourreau et les menace en hurlant. L'homme se retourne, son ventre glisse sur celui de la femme, il arrache l'épée des mains du tyran et lui tranche la tête en deux morceaux jusqu'au cou. Le sang gicle sur les corps nus, l'amant ouvre les volets et crie son meurtre à la cité dont il assemble les principaux citoyens et les vieillards. Il réclame la récompense prévue par la loi « Tyrannicidae praemium » (L'assassin du tyran recevra une récompense). Les magistrats et les Pères hésitent. Ils lui portent la contradiction :

— Il n'aurait pas tué le tyran si le tyran ne lui avait pas fourni une femme. Il n'aurait pas tué le tyran si le tyran ne lui avait pas fourni une arme.

— J'ai pris l'épouse sans la demander à l'époux. J'ai pris l'arme sans la demander à la main.

— Cet homme qui a tué le tyran, le tyran avait le droit de le tuer.

— Le sort de la République exigeait qu'on envisageât tous les moyens pour tuer le tyran, fût-ce l'adultère.

— Il n'a pas pris une cuirasse ni un bouclier : il était nu, couvert de la sueur d'une femme mêlée des parfums et des fards dont elle s'était enduite.

— Je suis monté sans armes à la citadelle. Quand j'en suis sorti, le tyran avait expiré.

— Honorabo subitum tyrannicidium, non honorabo fortuitum, non coactum. (J'honorerai celui qui tue le tyran à l'improviste, mais non par hasard, non parce qu'il est forcé.)

— L'épée n'était pas à moi, la main était à moi, l'audace du coup était à moi, la ruse d'un adultère était à moi. Quam sollicitus adulter fui ne non deprehenderer ! (Dans mon adultère, comme je craignais de ne pas être surpris !)

— Le tyrannicide défendait l'adultère. Un

tyran défendait la pudeur. Les poissons volent. Les rhinocéros sont des coccinelles. Le verre est souple et l'éponge se brise. Parce que tu as la queue encore humide, tu demandes une statue.

LA FEMME TORTURÉE

Torta a tyranno pro marito

On mène une femme les mains liées dans le dos à la citadelle. Les nattes pendent sur les épaules. Le tyran lui demande quels projets de mort son mari avait ourdis contre lui. Elle nie. Le tyran la bat et il le fait en vain. Il tire ses nattes. La femme ne hurle pas. Le tyran fait venir ses gardes, ordonne qu'on mette nue la patricienne ; fait préparer les instruments, les poulies, le travail. Ils mettent la femme à la question toute la matinée.

Elle nia. En sang, les nattes rasées, de nuit, ils la laissent quitter la place forte. Elle descend à la ville en tenant son ventre qu'ils ont frappé, en tenant sa vulve qu'ils ont rendue inutile. Ses amies l'accueillent, ses esclaves la lavent, les suivantes l'enduisent de baume, ses médecins couvrent de bandelettes ses doigts estropiés, ses cuisiniers la nourrissent. Le mari revient. Voyant le corps mutilé, il baise les paumes de sa femme et les emplit de ses larmes.

Cinq ans ont passé. Le mari répudie sa femme pour stérilité. La patricienne s'adresse au tribunal. Elle poursuit son mari pour ingratitude.

— J'ai donné pour toi mon ventre non au pénis mais aux tenailles, non à l'eau de ta bouche mais au feu. A-t-on vu que les tenailles donnent des enfants ?

— Mon nom s'anéantit. Que dirai-je à mes pères ? Ils se détourneront de moi. « Tu as laissé le nom que nous t'avions donné, diront-ils, comme une cosse vide. Cela faisait des saisons que ces lettres sonnaient dans les bouches romaines. Un nom dépourvu de sang, de bras, de visage, n'est même pas une écorce de pistache de l'île d'Egine. »

— Les bourreaux s'approchaient de moi. Les cruautés étaient peintes sur leurs visages. Ils m'ont prise par les bras et par les cuisses. Je n'ai pas dit le lieu où tu t'étais caché.

— Tu es bréhaigne.

— Je suis silencieuse.

— Tu as secouru ta patrie mais tu n'as pas secouru ta famille. Tu m'as sauvé. Tu ne m'as pas perpétué.

— Sous le tyran, toutes les matrones de la ville regrettaient leur fécondité. J'ai cru qu'il était préférable de te sauver la vie que de jouir.

— C'est moi qui ai tué le tyran. Tu l'as permis. Mais c'est ma main.

— C'est mon cul qui était lacéré. Ce sont mes seins qui étaient meurtris. Ce sont mes bras qui étaient déchirés sous les lames rougies. Ce sont les bouts de mes doigts dont on approchait la braise fumante. Ce sont mes lèvres qui ne se sont pas desserrées.

— Où sont les chants et les petites mains sales et chaudes de mes fils et leurs cris dans la ruelle ?

— Ta femme vivante et aimante est plus belle qu'un héritier.

— Elle est plus vieille. Elle est épuisée. Elle a été mal recousue.

— Le tyran hurlait, tandis qu'on me portait vers le travail : « Fac jam ne viro placeat

matrix ! » (Tâche que son mari n'ait plus jamais
envie de la rendre mère !)

— Tu fus plus grande que Pénélope fut. Mais
Pénélope avait enfanté Télémaque.

— Tu es plus à moi que si je t'avais fait. Tu es
tyrannicide. Tu es honoré. Prends garde que ton
divorce ne compromette ton avenir. Grâce à moi
tu peux espérer les plus hautes fonctions édili-
taires. Je suis si abîmée que je suis presque ton
enfant. Je suis une affiche électorale.

CHAPITRE XVIII

Le marchand étranger et la prêtresse impudique

En – 24, après l'ambassade des princes d'Inde, exactement au printemps de – 24, Albucius est sur la voie Flaminienne, qui le mène à travers l'Etrurie et l'Ombrie à Rimini. Il transportait le saladier de chêne noir, des lampes, des natures mortes. Je me mets à inventer irrésistiblement. Il aimait les natures mortes, surtout d'épluchures et d'arêtes, surtout celles de Peiraikos. Il aimait les lampes pleines d'huile sentant l'olive avec leur bec d'où sort la mèche de coton. Dans l'ombre, elles n'anéantissent pas l'ombre. C'est un peu de lumière, non pas pour éclairer : pour ne pas se perdre. Pour ne pas crier de terreur dans la solitude de la nuit. Les lampes qu'Albucius Silus collectionnait étaient rouges. La petite flamme huileuse dans l'ombre les rougissait encore.

Albucius possédait une collection de vieux gobelets de terre avec des reliefs mythologiques. Très antiques, grossièrement faits, il en prenait un soin singulier, les enveloppait dans des linges humides et usés et gris.

Quelque mélancolique qu'il fût, ou parce qu'il l'était, il aimait tellement la vie qu'il dit à Annaeus Seneca que la mort, quand elle viendrait, le délivrerait des sentiments et des besoins mais qu'elle ne lui ôterait pas le regret. Quand on l'interrogea sur ce regret, il déclara que c'étaient peut-être les odeurs qu'il préférait sur la terre. Il mettait dans l'ordre suivant les cinq sens : sentir avec le nez, voir avec les yeux, toucher de tout le corps, la saveur dans l'eau de la bouche, les sons dans les pavillons des oreilles. Il disait que le rêve était un sens et c'est d'ailleurs à ce sujet que les Anciens citaient, sous le nom d'Albucius Silus, le thème de la cinquième saison.

Il mettait l'aube plus haut dans l'univers que la tombée du soir. Il lui arrivait de manquer un crépuscule en travaillant dans sa cella. Il n'avait pas de tablinum. Jamais il ne rata une aube, dont il vénérait les ombres si longues. Insomniaque, il se promenait volontiers seul dans le parc de la porte Capène la nuit. Je ne sais plus quel roman d'Albucius commençait de la sorte : « Omnia canentia sub sideribus muta erant. Erat nox... » (Tout ce qui chante était muet sous les étoiles. C'était la nuit...)

Nuit ou aube, ou jour, ou crépuscule : il allait dans le jardin dans le coin où la senteur était la plus forte. Il s'y mêlait une odeur de boue, une odeur de caroubier et aussi de menthe blanche.

Jamais il ne fit repeindre les cubicula qui bornaient l'atrium. On entrait dans deux pièces sales, brunes, toujours laissées dans la pénombre. Elles sentaient une odeur de linge moisi et de suif. Cette succession de deux longues pièces paraissait triste et menaçante. Le mobilier, pour l'essentiel ramené d'Egypte, vieux, verdi, donnait une impression de tombe.

Cestius rapporte ce mot de Quintus Horatius Flaccus (Horace) :

— Albucius, il faut repeindre ton cubiculum. Il est si noir que je me suis cogné aux genoux dans je ne sais quoi d'Egypte.

Il aimait les huîtres crues, les grives aux asperges, les palourdes bouillies, les becfigues, les sarcelles bouillies.

A la fin de sa vie, il porta le pallium, après qu'Auguste en eut ordonné l'interdiction. Le pallium était le « jean » des Romains. C'était une invention des Grecs. C'était une longue bande de laine posée sur une épaule et enroulée autour des reins. Il suffisait d'une broche. Les philosophes, soixante ans plus tôt, avaient lancé cette mode. Vicerius aussi était toujours en pallium. Polia voulut se mettre en pallium (elle avait cinquante ans alors), Albucius lui en interdit le port en la menaçant de l'abdiquer. Il fuyait sa fille, parce qu'elle était ivrogne. Vieux, il ne recevait plus de femmes. Il ne parlait jamais de Spuria Naevia. Il disait :

— Solus, orbus, senex, odi meos. (Seul, sans enfants, vieux, je déteste ma famille.)

En langue latine, la phrase a une force terrible, presque malédictrice. Elle a la brusquerie et la puissance d'une phrase de César.

Il disait : « Patrem habeo » (J'ai un père), et il montrait les six rouleaux qui contenaient l'œuvre d'Homère l'aveugle.

Sur Homère, il disait : « Dans Homère j'aime le passage où un enfant construit puis détruit avec ses mains grandes ouvertes un château de

sable sur la grève qui longe la mer ». Il disait
aussi : « Dans Homère, j'aime le passage où
Achille, sous sa tente, tend les cordes de sa
cithare et chante Homère. Patrocle assis et silencieux en face de lui l'écoute en marquant les
temps sur la poignée de cuivre de sa lance. »

Il dit à Asinius Pollion qu'il aimait le poème de
Lucrèce, qui l'a noté. Car très peu nombreux
furent, parmi les hommes de l'Antiquité, les ama-
teurs de Lucrèce. Mais il ne croyait pas que la
passion amoureuse fût un bandeau qu'on plaçait
sur les yeux ni rien de si funeste ni de si carna-
valesque que le soutenait l'ami de Memmius,
mais simplement une dépendance qui était de
retour. Des hommes et des femmes redevenaient
des nourrissons. Ils jouaient avec les mêmes
petits attributs qu'ils tripotaient enfants. Ils
replongeaient dans les sentiments très vifs et tout
à fait dénués de langage qu'ils éprouvaient alors
pour une mamelle qui revenait ou bien qui ne
revenait pas à proximité de leurs lèvres. C'étaient
les mêmes caprices et les mêmes angoisses. Mais
Albucius Silus ne pensait pas qu'au cours de la
vie l'utérus pût réencapuchonner les hommes ni
les femmes.

On lui avait fait le reproche d'être homosexuel.
Il dit : « Ecquid mihi licet seniles annos meliore
vita reficere ? (Ne m'est-il pas permis de retrem-
per ma vieillesse dans une vie plus agréable ?) Je
ne placerai pas le souverain bien dans le plaisir,
ni dans l'ivresse, ni dans la course de mai : mais
dans la lecture muette et assise, dans des plaisirs
doux, des pas dans le jardin. Je rapporte toutes
choses à tout mon corps. C'est le seul vrai espace
que j'occupe. J'ai décidé très vite que je ne me
ruerai dans les plaisirs chaque jour que durant

une heure ou deux, au moment où le soleil perd de sa force. »

On raconte que ses débauches étaient piètres. Elles se limitaient au lait de femme et à l'usage immodéré des mains des garçons.

La débauche à Rome était une fonction sociale fastueuse, un devoir de gratitude envers la déesse et la vie qui avait été procurée. Dix ans avant que Caius Albucius naisse, Sylla avait lâché le pouvoir. C'est un cas peut-être unique dans l'histoire des sociétés. « J'abandonne le pouvoir absolu pour retrouver, déclara Sylla, les bons mots, la débauche, la lecture. » Cet argument n'a scandalisé personne alors. Mettre aussi haut la lecture — à la hauteur de la débauche — aurait pu choquer. Interrompre une dictature pour le plaisir de jouer aux dés, ou de caresser une femme, ou de boire plus qu'il ne faut, peu de modernes eussent décidé ce que Sylla décida. Il s'enferme à Pouzzoles où il meurt en jouissant.

Je poursuis cette digression sur Sylla : à ses débuts il était si pauvre qu'il habitait au deuxième étage dans une maison de location dans la banlieue de Rome. C'est par les prostituées et leur argent qu'il parvint. Il était passionné de trois choses : de lecture, de plaisir et de gloire. Les femmes aimaient l'énergie qu'il mettait à tout ce qu'il entreprenait et le goût qu'il avait pour le jeu et pour la parole. La foi en la bonne fortune séduit tous ceux qui désespèrent de ce qu'il sont et qui sont inconsolables du peu d'affection qu'ils se portent. Sylla prétend dans ses souvenirs que les entreprises qu'il avait décidées tout à trac, au dernier moment, avaient porté des fruits qui ne pouvaient se comparer à ceux qui résultaient d'actions soigneusement conçues et mises au point dans le dernier détail. Les âmes les plus fortes, les intelligences les plus vives ont cru aux faveurs de l'absurde et ont été perdues par la confiance qu'elles y avaient puisée et à laquelle elles s'étaient peu à peu identifiées. Un homme se croit le privilégié du sort : il croit qu'il est un être que le hasard aurait choisi entre tous dans le chaos des choses et des temps. Il croit qu'il est un être à qui miraculeusement le hasard épargnerait le hasard. L'intelligence la moins naïve laisse la place très vite à la superstition d'un joueur de dés après un coup : subito un homme pense que le dé a de l'affection pour sa main.

Mais Albucius n'est pas Sylla. Albucius Silus a avoué à Seneca : « Je n'ai jamais eu d'espoir. »

Je rassemble les romans de débauche.

LA PRÊTRESSE IMPUDIQUE

Incesta de Saxo

Une vestale se donne à un homme. On surprend certains gestes qui donnent la preuve de cet amour. Elle est aussitôt conduite à la Roche pour être jetée. La jeune prêtresse invoque Vesta. On la pousse. Elle tombe. Elle survit à sa chute. On veut la mener une seconde fois au supplice tarpéien, en la portant, faute qu'elle puisse marcher, pour la jeter encore. Elle fait appel aux juges.

— Elle a violé ses vœux de chasteté. La loi indique le jet de la femme.

— La précipitation a eu lieu. La déesse a indiqué qu'elle souhaitait être clémente.

— La déesse ne protège pas la femme qui l'a souillée.

— Il y avait un précipice abrupt. Sa profondeur épouvantait le regard. Aux pieds d'une femme la roche est à pic, les parois du gouffre sont hérissées d'aspérités aiguës et innombrables afin de déchirer le corps et la faire rebondir dans le cri et le sang. Je vis. Les dieux n'ont pas voulu que je cesse de vivre.

— Lata est sententia. Pronuntiatum est. Damnata es : interrogo te hoc loco, mulier. Responde mihi : sunt Dii ? (On a voté. On a prononcé la sentence. Tu as été condamnée : je te le demande ici, femme. Réponds-moi : y a-t-il des dieux ?)

— Je vis. Leur prêtresse vit. Y a-t-il des dieux ?

— Tu as pollué tes yeux de la vision d'un homme. Tu ne peux rejoindre le feu sacré.

— Le saut auquel j'ai survécu me rend au temple.

— Ton assurance n'est plus d'une vierge. Un rocher n'absout pas.

Tout le roman d'Albucius était construit autour de cette idée qu'il y avait de l'impudence pour une vierge à venir au tribunal soumettre son cas et se défendre en mettant en avant une roche.

— J'invoque les puissances célestes.

— Tu as déshonoré ton ministère. Tu as exhibé tes parties à un homme et mis à nu les siennes.

— Je ne le démens pas.

— Il ne suffit pas de ne pouvoir mourir pour être prêtresse.

— Cela suffit aux dieux pour être dieux.

— Le châtiment prévu était la mort et tu n'es pas morte. Ta peine n'est pas supprimée : elle est remise. Il faut que tu sois rejetée.

— Je glissais doucement dans le gouffre. Vous

croyiez me lancer dans le gouffre : je m'age-
nouillais lentement aux pieds de la déesse. La
robe a formé une espèce de cloche gonflée d'air.
Elle a ralenti la chute.

On avait repris Julius Bassus parce qu'il avait
intitulé la déclamation *Virgo desultrix (La vierge
voltigeuse)*. Traitant de ce roman, Latron disait :
« Toute femme dont la pudeur tient la tête bais-
sée est en train de tomber. »

On ôtait la robe de la prêtresse parce qu'elle
s'était gonflée lors de la chute précédente. Une
fois mise nue, les hommes la tirent vers la grande
pierre tarpéienne. Brusquement on la précipite
du haut de la roche. Elle tombe et elle meurt. On
ramasse les morceaux de son corps et de son cerveau et on les place dans un linge sordide. On les
remonte au haut de la roche. On les relance une
dernière fois dans le vide. On a approché la
flamme de la déesse avant que la vierge soit lan-
cée une dernière fois.

LA BRU

Infamis in nurum

Un père avait deux fils. Il maria le premier
d'entre eux et il l'envoya en Afrique pour affaires.
Le frère cadet, les proches, les esclaves enten-
dirent des cris de plaisir dans la chambre de la
bru. Tous conclurent que le père avait des rela-
tions coupables avec sa bru et rirent. Le mari, à
son retour, entend ce qu'on chuchote. Il fait saisir la première servante de sa femme. Il la met à
la question. Elle meurt sur le bois du travail, dans
les tortures, sans prononcer rien de digne du langage humain : « Entre le silence et les cris, elle

mourut. » Le mari, trop incertain, comme il ressent du malheur de cette incertitude, se pend. Le père ordonne au cadet d'épouser la femme. Le cadet refuse. Le père le mène devant le tribunal pour abdication.

LE MARCHAND ÉTRANGER

Peregrinus negotiator

Un riche citoyen épousa une femme d'une grande beauté. Il dut partir à la guerre qui était menée contre les tribus des Gaules. Il partit vingt-huit mois. Pendant ce temps, dans le voisinage de la demeure, un marchand étranger vint habiter. Il a des sourcils noirs comme du charbon. Il est beau. Il n'a pas une grande carrure. Il rencontra huit fois la femme qui habitait la maison voisine. Trois fois le désir qu'il eut d'elle fut si vif qu'il fut contraint de lui faire des propositions honteuses en lui offrant des tableaux anciens, de l'argent, des voyages, des animaux ou des esclaves. Trois fois elle refusa.

Le marchand étranger tomba malade. Soudain, il est mort. Il a dit : « Sola heres esto. » (Qu'elle soit mon unique héritière.) Il laissa tous ses biens sans exception, qui étaient considérables, à cette femme dont il avait trouvé la beauté incomparable. Plus que toute autre partie de son corps, lui plaisaient le pied, la partie du bras qui va du coude à l'aisselle, le visage, la beauté de la voix, les dents quand elle parlait. Il avait donné par écrit l'explication suivante au cas où le testament serait contesté : « Pudicam repperi. » (Je l'ai trouvée chaste.)

La femme lut l'éloge, estima qu'elle pouvait en

tirer de l'honneur et accepta l'héritage. Son mari
revint de la campagne d'Angleterre, blessé à la
cuisse et au genou. Il trouva sa femme à la tête
d'une fortune qui passait de très loin celle qu'il
lui avait laissée et il en conçut du soupçon. La
lecture de la note testamentaire n'eut pas l'effet
d'apaiser l'inquiétude qui le rongeait. Le lendemain de son retour, il produisit sa femme devant
le tribunal et l'accusa d'adultère.

— Je rentre chez moi de la guerre que j'ai faite
dans les brouillards pour défendre la république.
J'ouvre la porte : rien n'est à moi sinon ma
femme. Je me dis : Ce que je vois est-il certain ?

— Sa maison touchait la nôtre. Il était étranger avec des cheveux noirs, peu compréhensible,
sans grande carrure. Je l'ai vu huit fois. Il m'a
adressé la parole trois fois. Je l'ai repoussé trois
fois. Il est mort. Il a écrit ce mot. Je n'allai pas
refuser le mot de chaste. Je n'allai pas refuser
l'héritage.

— Un homme voit ses avances repoussées. Il
donne aussitôt des caisses d'or en signe de gratitude. La cause entraîne la conséquence par un
lien qui m'échappe.

— Une femme qui est belle peut susciter du
désir. Une femme qui réserve ses parties intimes
à l'usage d'un seul peut inspirer de l'amour. Une
femme qui ne laisse pas d'espérance peut donner
une espérance aussi souveraine qu'elle est irréa-
lisable. Cette espérance vaine s'appelle alors un
rêve.

— On ne donne tous ses esclaves, toutes ses
caisses, ses tapis, ses tableaux de cire qu'à une
femme qui vous a aimée quand on était vivant.

— J'ai attiré un regard. J'ai suscité l'admiration. C'est ton âme qui est impure. Tu ne sais pas le sens du mot pudeur.

— Je ne dis pas que tu t'es découverte à son regard. Au moins le recevais-tu, au moins parliez-vous, au moins te montrais-tu aguichante. Tu posais ta main sur sa main. Tu soignais ta coiffure. Tu lui offrais un rafraîchissement. Il te racontait sa vie. Il nommait ses désirs.

— Je n'étais pas ornée. Je n'étais pas ointe. Je n'étais pas vêtue de linge fin ni enveloppée de voiles égyptiens. Je refusai les entretiens qu'il m'offrit. Je ne songeai pas à un marchand étranger. Je pleurai un tribun absent. Je redoutai la guerre et les brouillards.

— Dans aucune des lettres que tu m'as fait parvenir, tu ne m'as écrit de hâter mon retour. Tu ne m'as pas dit que la solitude t'exposait à la concupiscence d'un marchand.

— Vivant, cet homme ne connut que trois rebuffades. Il n'exista pas à mes yeux.

— Mort, ce sont cinq millions de sesterces que tu possèdes.

— Vivant, je savais ce qu'il ne ferait pas. Mort, j'ignorais ce qu'il ferait.

— Il fallait voiler ton visage. Il fallait barricader ta porte. Siècle étonnant : on paie les femmes chastes. On ne doit plus verser un as aux femmes impudiques.

— Je t'aime. Il ne me connut pas.

— Comment te croire ? Quelle est la différence entre le mot femme et le mot cupidité ? Toute la cité te chuchote impudique. Seul un étranger te déclare pudique et pour le prouver à la face de tous il dit : « Sola heres esto ! » (Qu'elle soit mon unique héritière !) Pourquoi cela ? « Pudicam repperi. » (Je l'ai trouvée chaste.) Il n'y eut que son complice à trouver chaste mon épouse. Mais que dis-tu ? Tu dis : « Il avait les sourcils noirs. » Et les poils de ses couilles, femme, de quelle couleur étaient-ils ?

Le résumé du roman, de la main d'Albucius Silus, atteint la beauté de la prose de César : « *Formosa est : hoc natura peccavit. Sine viro fuit : hoc maritus peccavit. Appellata est : hoc alius peccavit. Negavit : hoc pudice. Heres relicta est : hoc feliciter. Hereditatem adiit : hoc consulte fecit.* » (Elle était belle : c'est à la nature qu'il faut s'en prendre. Elle était sans son mari : c'est à son mari qu'il faut s'en prendre. Un homme lui fait des propositions : c'est à cet homme qu'il faut s'en prendre. Elle les a repoussées : c'est de la vertu. Elle est instituée héritière : c'est de la chance. Elle a accepté l'héritage : c'est de la sagesse.)

LA MÈRE AVEUGLE

Mater caeca filium retinens

Un marchand partit à l'étranger pour ses affaires. Enlevé par des pirates, il écrivit à sa femme et à son fils afin qu'ils le rachetassent. La femme perdit ses yeux à force de pleurer. Le fils eut le désir de prendre la mer pour sauver son père. La mère lui demanda de rester afin qu'il la nourrît, qu'il la conduisît, qu'il la laissât propre, qu'il lui parlât. Le fils refusa tant il avait hâte de rejoindre son père et de l'arracher aux mains des pirates. La mère engage un procès et fait jeter son fils en prison pour manquement à la piété filiale.

Seuls quelques dialogues ont été conservés par A. Pollio :

— Pendant huit mois je t'ai nourri dans mon ventre. Ouvre-moi ton ventre et donne-moi le sang que tu me dois.

— Je dois la vie à mon père. C'est lui qui a percé le ventre que tu dis. A lui vont les premiers devoirs.

— Ton père a des yeux. Les pirates le nourrissent. Ta mère n'a plus d'yeux. Son fils refuse d'approcher les aliments de sa bouche.

— Que gagnes-tu en me tenant emprisonné ? Ton mari est dans les chaînes. Ton fils est dans les chaînes.

— Je gagne que mon époux pense à moi et que mon fils pense à moi.

— Ils ont des chaînes de fer qui blessent les mains et les pieds.

— Comment veux-tu que je sache que les chaînes qui les entravent sont en fer ? Je ne vois plus.

Le roman d'Albucius sur *La mère aveugle* est distinct de toutes les autres œuvres antiques par sa férocité envers la classe des femmes. On peut sans doute le dater de la rupture avec Spuria. La thèse d'Albucius est stricte : Quotiens patris pugnaret et matris, prius esse patris officium. (Quand il y a conflit entre les devoirs dus respectivement au père et à la mère, les devoirs dus au père passent les premiers.) Seneca n'a recueilli qu'une réponse de la mère : « Il y a un extrême péril à demeurer chez soi. Mes yeux se sont perdus dans les larmes. Il y a des gens qui ont de la chance d'être enchaînés dans la cale d'un vaisseau pirate. » Albucius avait terminé son roman *L'assaut* par ces mots : « O juges, qu'est-ce qui est le plus beau ? Le sang qui gicle hors de la blessure dès l'instant où on ôte l'épée ? Une goutte de

rosée sur la tête d'un chardon bleu ? Une goutte
de semence sur la mentule dressée d'un tribun
militaire ? Une note criarde au bout de la flûte
des ludions ? Le soleil qui se lève au terme du
pâturage, alors que la brume se déchire lentement sur les rochers noirs et sur les platanes de
la plaine du Pô ? Les nuages sur le col de
Tende ? » Cestius ne manqua pas à dire qu'Albucius aurait dû retrancher sa mentule dressée. Il
dit aussi, lors d'une autre déclamation, qu'il avait
prononcée sur le forum et qui se prolongeait à
une heure avancée : « Albucius compare sa
semence à un lever de soleil. O juges, la nuit
tombe. Ordonnez qu'on apporte de la semence
d'Albucius ! »

LE FESTIN DE FLAMININUS

Flamininus inter cenam reum puniens

Quand Flamininus fut nommé proconsul, il
salua ses clients et les couvrit de cadeaux. Il
embrassa une femme sur le front. Il monta dans
la litière et il passa les portes de Rome pour
rejoindre sa province.

Au cours d'une halte il offrit un banquet. Au
cours du banquet il fit venir des danseuses. Tandis qu'elles dansaient Flamininus désira l'une
d'entre elles. Il la fait venir à ses côtés, l'installe,
lui offre les mets et les vins. Le proconsul prend
la main de la courtisane et la glisse sous sa toge.
Elle l'excite avec une telle adresse qu'il lui
demande sa nuit. Elle dit qu'elle n'a jamais vu
décapiter un homme et qu'elle en ressent du
dépit. Flamininus fait venir ses gens, demande
un homme bien fait, fait apprêter l'appareil du

supplice, les faisceaux, les haches, le billot, la trompette. On amène un homme qu'on a tiré d'un cachot. La courtisane prend plaisir à voir la peur gagner le visage de l'homme. On lui attache les mains derrière le dos. Elle demande qu'on le rase. Elle lui parle. Puis on tranche la tête. Flamininus a dit au licteur qui faisait office de bourreau :

— Bibe, lictor, ut fortius ferias. (Bois, licteur, pour frapper plus fort.)

Les convives qui les entourent applaudissent et expriment des vœux. Le proconsul fait ramasser la tête tranchée et la fait approcher des yeux de la courtisane. Celle-ci se recule. Ils rient, ils boivent, le sang a coulé jusqu'aux lits. La courtisane partage la nuit du proconsul et lui offre le bonheur de sa bouche.

Albucius s'exclamait :

— Tout le pouvoir que t'avait conféré le peuple romain, tu l'as conféré à une courtisane.

— Je n'ai jamais vu tuer un homme.

— Ce n'est pas la vie de l'esclave que je regrette mais le fait que tu l'aies décapité pour clore un festin.

— Femme, a-t-il bandé en mourant ?

— J'ai vu bander des hommes si nombreux, mais je n'avais jamais vu tuer un seul homme.

— Parmi les restes qu'a dédaignés l'ivresse, il y avait la tête d'un homme.

Albucius commençait la péroraison de la façon suivante : « Contactam sanguine humano mensam loquor, strictas in triclinio secures. Distinguuntur argenteis poculis aurea... » (Je vais vous parler d'une table souillée de sang humain. Il y a des haches qui sont tirées de leur étui dans une salle à manger. Des coupes d'argent font ressortir l'éclat des coupes d'or...) Elle dénude ses seins devant Flamininus et lui demande de commander qu'on prépare les faisceaux en enlevant l'étui des haches : « Quis inter haec de convivio cogitat ? Hominem, inquit, occidi numquam vidi ! » (Qui parmi ce sang et ces haches songe à un festin ? Elle dit : je n'ai jamais vu un homme mourir !)

J'admire aussi un développement qui n'est pas d'Albucius Silus, mais de Votienus Montanus, originaire de Narbonne, parce qu'il décrit l'animation des regards hystériques comme une course de relais dans un amphithéâtre. Dans cette autre version le procès naît, non pas de la décapitation d'un homme au cours d'un festin, mais qu'un proconsul ait pu donner cet ordre sans avoir les chaussures appropriées à sa fonction :

« Au moment de frapper, le licteur regarda le proconsul, le proconsul la courtisane et la courtisane les cuisses de l'homme qui tremblaient dans la crainte.

— Age lege ! (Exécute la loi !), dit le proconsul.

Flamininus n'avait pas ses chaussures de cuir. Il se lève et déclare néanmoins qu'il faut boire à la santé du licteur. »

LE SERMENT NUPTIAL

Jusjurandum mariti et uxoris

Un homme et une femme se marièrent et ils se jurèrent mutuellement que, si quelque malheur frappait l'un d'entre eux, l'autre ne lui survivrait pas. Puis ils se tinrent la main comme font les

morts figurés sur les pierres. Enfin la femme défit
sa ceinture.

Durant un voyage à l'étranger, le mari eut le
malheur de tomber amoureux d'une veuve plus
âgée que sa femme, mais plus riche et plus expé-
rimentée aux jeux de l'amour. Le mari envoie une
tablette double fermée de son sceau à sa femme
pour lui annoncer qu'il a péri et qu'elle le rejoigne
« ou chez les ombres ou dans le vide ». La femme
remonte ses cheveux, nettoie tous les membres
de son corps, passe sa toge la plus belle, monte
sur la terrasse et se précipite dans la rue. Elle
s'écrase sur un enfant qui jouait avec un chariot
en olivier. Elle tue l'enfant sur le coup, s'ouvre le
crâne mais survit.

La femme se rétablit. Elle découvre que son
mari est vivant. Son père lui ordonne d'engager
une action contre son mari, qu'elle rompe le lien
sacré et revienne chez lui. La femme refuse. Elle
dit :

— Non possum relinquere virum. (Je ne puis
délaisser mon mari.)

Son père engage une action pour abdiquer sa
fille des droits qui lui reviennent. Il engage des
hommes dans le dessein de mettre la main sur le
mari. Les hommes le retrouvent, l'arrachent des
bras de la vieille femme voluptueuse, lui lient les
bras et le traînent devant les magistrats.

Le mari : J'avais envoyé ce message pour
éprouver si elle m'aimait toujours.

L'épouse : Je t'aimais. J'avais dit : Je mourrai.

— Elle avait choisi un endroit où elle était sûre
de ne pas périr.

— Cet endroit est un enfant mort.

— Elle se lançait de la terrasse en disant :
Quelle bonne plaisanterie ! Mon mari m'a

effrayée par une fausse mort. Je vais l'effrayer par un faux péril.

— Une torche vaine s'éteint. Je te quitterais, ô mon mari, si mes jambes ne t'aimaient pas.

— Une torche gagne en clarté quand on l'agite. Attends que je t'agite. Mollit viros otium. Jactatas flammas mota face crescere. (Dans la paresse les hommes s'amollissent. Les flammes secouées reprennent un nouvel éclat.)

Plus tard Ovide, qui aimait ce roman, en a donné une version très applaudie. Albucius terminait de la sorte :

— Femme, la prochaine fois que tu te jettes du haut d'une muraille, fais attention où tu tombes.

LA PUTAIN PRÊTRESSE

Sacerdos prostituta

Une jeune fille vierge, avec son père et sa mère, se rend à Rhodes en pèlerinage. Le bateau sur lequel ils se trouvent est conquis par des pirates. Ces derniers mettent en vente la jeune fille sur le marché d'un petit port. Un leno l'achète et la livre à la prostitution dans une maison à étages. Les hommes venaient à elle, montaient avec elle, elle fermait le rideau, elle leur demandait de lui donner son salaire, de la soumettre à des services qui ne lui ôtent pas sa virginité. Un jour, un soldat vient qui ne veut rien entendre, qui repousse sa main, qui repousse sa bouche, qui repousse ses fesses, qui repousse ses oreilles, qui repousse ses aisselles, qui repousse ses pieds. Il dit :

— Je veux le lieu où se font les enfants et duquel ils débouchent au moment de naître !

Il la bat et se penche pour la prendre de force.

Elle lutte avec lui sur sa couche puis sur le sol de bois. Elle saisit l'épée du soldat. Elle la plonge brutalement dans la poitrine de l'homme qui s'essaie à la forcer en disant :

— Tene arma, quae nescis tenere pro pudicitia ! (Garde cette arme, qui ne montait pas la garde devant la chasteté !)

La jeune prostituée est accusée par la famille du soldat et par le leno. Elle est acquittée par le magistrat. Elle est renvoyée en Grande Grèce, dans la cité dont elle était native. Là, dégoûtée de la vision des hommes, elle demande un sacerdoce. Le temple enquête et rechigne. Un des principaux magistrats de la ville déclare :

— Elle a travaillé dans un bordel. Elle a été arrêtée pour homicide. Elle veut être prêtresse.

— Je suis vierge.

— Quelle preuve donnes-tu de ta chasteté ?

— Dans le bordel où j'ai travaillé, j'ai mis à mort un homme qui prétendait toucher mes lèvres secrètes.

— Le soldat, tu l'as tué. Le leno, tu l'as servi.

— Militem occidi. Nemo mihi virginitatem eripuit. (J'ai tué le soldat. Personne ne m'a pris ma virginité.)

— Tous sont venus comme s'ils allaient la prendre.

— Ils ne prenaient que leur plaisir.

— Une prêtresse doit être vouée à la pudeur. Une prêtresse doit faire des vœux pour les soldats. Vous confiez ce soin à des mains qui ont masturbé des queues et qui ont assassiné des soldats.

— J'ai été victime de la fatalité, pour mes mains. Victime de ma pudeur, pour le mort.

— Tu es restée nue sur la place du marché.

Toutes les parties de ton corps ont été palpées et visitées par le leno. Est-ce ainsi que le pontife examine les jeunes vierges avant de leur conférer l'honneur du sacerdoce et de remettre entre leurs mains l'arme du sacrifice ?

— J'ai été pudique jusqu'à plonger l'arme du sacrifice dans le ventre d'un homme. Cette nuit-là, j'ai été prêtresse.

— Tu es reçue par les baisers des autres courtisanes. On t'enseigne les caresses, on t'instruit de leurs prix, on plie ton corps aux positions qui sont permises selon les tarifs du leno. Et tu brigues le sacerdoce.

— C'était un sacerdoce.

— On t'apprend des mots que les prêtresses ne savent pas. On apporte les ornements qui entourent les seins, le con, les chevilles. On te remet les fards ; on t'offre les onguents ; on te procure des vêtements transparents.

— Je suis vierge. J'ai été acquittée.

— Que faisaient les pirates après qu'ils t'avaient enlevée dans leur galère et après qu'ils eurent égorgé ton père et ta mère ? Ils récitaient des poèmes ? Ils jouaient de la lyre ? Ils accomplissaient les cérémonies des temples ?

— Je les priai de ne pas toucher entre mes jambes.

— Il y a plus de débauche dans ce qu'interdisait ta prière. Aliquis fortasse inventus est quem hoc ipsum irritaret quod rogabas ? (Peut-être s'est-il trouvé des hommes dont ta prière même excitait le désir ?)

CHAPITRE XIX

La mort de Virgile

Le 21 septembre – 19, couvert de sueur, de retour de Grèce, débarqué à Brindes, âgé de cinquante et un ans, Virgile, la bouche embarrassée d'une mauvaise toux, fait signe à tous ses amis sans exception pour qu'ils lui remettent les copies qui circulent de l'*Enéide*. Il veut les brûler de sa main. Il les brûle de sa main.

L'empereur s'oppose à la volonté du poète : Virgile brûle cependant les tablettes de cire. Vicerius éponge la sueur de la fièvre qui couvre le visage de Virgile. Ici il ne s'agit pas d'une ruse publicitaire. Le 16 décembre 1918, Franz Kafka met un mot à Max Brod : « Ce ne sera pas exécuté mais on en tiendra compte. » Je comprends mieux le mouvement fiévreux et impatient qui anime les mains savantes de Virgile. Il y a une culpabilité à l'égard du silence. Il y a une source de silence loin derrière nous, que nous avons trahie, où il faut de nouveau être immergés, doucement accueillis, pour peu qu'on meure.

Il tremblait dans les gouttes de sueur. Varus dit

qu'il s'était amaigri d'un coup, la fièvre étant intermittente mais extrême, que la peau s'était décollée et tombait au cou, aux bras, et qu'elle luisait. Sur le lit, la voix toujours enchevêtrée, sifflante, le torse enveloppé de fourrures malgré la chaleur où était tenue la pièce, mal rasé, à la lueur du feu et des torches, c'était un marabout luisant dans l'aube. Albucius n'était pas présent à Brindes, il n'assista pas Virgile dans la mort. Quinze ans plus tôt il avait acquis un marabout à sac, dans la maison de la porte Capène, pour lequel il avait été contraint de faire construire une volière distincte. On peut appeler les marabouts à sac des cigognes ratées. Albucius aimait regarder cette espèce de cigogne, l'énorme excroissance rose et velue qui pendait sous le bec, le grand manteau gaulois noir qu'ils replient sur eux comme s'ils avaient froid, les hautes pattes maigres et grises.

Il marchait cérémonieusement dans sa cage. Il faisait claquer son bec, marquant sa satisfaction. L'oiseau mangeait des choses sordides : des épluchures de fruits, des excréments, des charognes ou du moins les restes des poissons et du gibier. Un marabout, avec une grande excroissance flasque, luisante — les joues et les mains inondées de sueur tendues vers l'âtre et brûlant l'*Enéide* —, mourait à Brindes en couinant.

C. Albucius Silus n'était pas lié d'amitié avec P. Virgilius Maro. Bien sûr ils se rencontraient chez l'empereur. On ne possède qu'une anecdote : un jour qu'Albucius se vantait d'avoir refusé une offre de Mécène, Virgile lui fit remarquer que c'était à ses yeux « un genre de gloire un peu vain que la haine des richesses » (vanum gloriae genus odium divitiarum). Albucius avait été frappé par cette remarque de Virgile et il lui avait donné raison. En – 18, juste après l'épuration du Sénat, quand Auguste associe Agrippa à l'empire, Albucius écrit *Parrhasius et Prometheus.*

LE VIEIL OLYNTHIEN

Parrhasius et Prometheus

Quand Philippe vendit les Olynthiens comme prisonniers de guerre, Parrhasius, peintre de la cité d'Athènes, acquit l'un d'eux. C'était un très vieil homme dont les traits étaient touchants ; la peau flasque aux cuisses, aux bras, aux fesses, aux seins ; les rides nombreuses au visage. Parrhasius le plaça dans son atelier, dans la partie nord, pour avoir la plus belle lumière. Après qu'il l'eut affamé encore, durant trois ou quatre jours, il le fit mettre, par deux de ses esclaves, à la torture. C'est sur ce modèle que Parrhasius a peint son Prométhée.

Il se trouva que l'Olynthien mourut dans les tortures avant que le tableau fût fini. Comme Parrhasius regrettait ce corps et cette expression, il s'efforça de les maintenir en état avec de la neige. Parrhasius plaça son tableau, comme offrande, dans le temple de Minerve. C'est son plus beau sujet, d'une vérité qui émeut le spectateur. On ne peut le voir sans détester la mort et sans pleurer.

Un peintre d'Athènes, qui enviait Parrhasius et les louanges qu'on lui donnait, l'accusa d'avoir causé un préjudice à l'Etat en ôtant la vie à un homme. Il dit : « Cet homme a vu Olynthe en cendres, sa patrie anéantie, sa femme mise à mort, sa belle-fille violée, sa maison incendiée. Il rencontre son vainqueur. Ce dernier lui dit : Tu

as une tristesse intéressante. Je t'ai ôté aux tiens
pour te donner à l'art. De toute façon ta patrie est
la mort. »

Parrhasius disait en le voyant :

— Jam ad figurandum Promethea satis tristis
est. (Il est assez triste pour figurer Prométhée.)

« Caeditur. Parum est, inquit. Uritur. Parum
est, inquit. Laniatur... » (On frappe le vieil Olynthien. « C'est trop peu ! » dit Parrhasius. On le
brûle. « C'est trop peu », dit-il. On le déchire.
« C'est trop peu... ») Parum est : tel est le refrain
du peintre dans Bassus. Dans Clodius, le refrain
est : « Parum tristis est. » A chaque torture le
peintre dit de son modèle : « Il n'est pas assez
triste. » On croirait Maurice Blanchot qui parle
de sa vie qu'il a conduite comme un acteur
ménage ses apparitions héroïques. Le peintre est
contraint de dire :

— Moriatur ! (Qu'il meure !)

La défense que présentait Parrhasius était
sobre. « Emi », disait-il. (J'ai acheté.) Il poursui-
vait : « J'ai acheté cet homme qui vieillissait. J'ai
peint un héros dans les tourments qu'il a subis.
J'ai fait acte de piété plus qu'un autre homme.
J'ai été plus grand que Philippe. Prométhée
aimait les hommes. J'ai rappelé à la mémoire des
hommes un acte d'amour. J'ai donné à un corps
qui n'avait plus que quelques saisons à vivre une
gloire éternelle. »

— Cet esclave n'était pas criminel.

— Il était touchant.

— Tu l'as égorgé parce qu'il était touchant ?

— Je l'ai égorgé pour qu'il soit plus touchant
encore.

Albucius montra le peintre au travail :

— D'un côté tu t'assois entouré de tes couleurs, de tes pinceaux et de tes gobelets. D'un autre côté, tu l'assieds entre le bourreau, le fouet, le feu, le chevalet de torture.

— Je souhaitais léguer son visage à ceux qui nous suivront. Je désirais lui donner une expression de souffrance qui tire des larmes.

— Ce spectacle, Parrhasius, ne te tire pas des larmes. Tes esclaves l'ont confirmé au magistrat : tu jubiles. Tu peins.

— Je n'ai pas porté préjudice à l'Etat. J'ai remplacé un homme impotent et presque mort par un tableau qui passe le temps.

(Dans une autre version : « Je n'ai porté aucun préjudice à l'Etat. J'ai payé l'esclave d'Olynthe. Je n'ai tiré aucun argent de l'œuvre que j'ai faite. Je l'ai donnée au temple de Minerve. »)

La défense d'Albucius se terminait ainsi : « C'était mon esclave. Je le possédais en vertu des droits de la guerre. O Athéniens, ô Romains, si les acquisitions faites en vertu du droit de la spoliation ne sont pas valables, vos empires sont du vent et des songes de vos aïeux. Tout doit retourner à l'ancienne limite : qui est celle de l'ombre de chacun sur le sol. Tout ce qui est acquis est guerre. »

Latron eut le trait suivant :

— Parrhasi, morior.

— Sic tene.

« Parrhasius, je meurs ! » s'écriait le vieillard en mourant dans les tortures. Parrhasius lui criait alors : « Reste ainsi ! »

CIMON INGRAT ENVERS CALLIAS

Cimon ingratus Calliae

Le général athénien Miltiade, vainqueur des Perses, vieillit dans la gloire. Un jour, il est condamné pour concussions. Il mourut en prison. Son fils Cimon prit sa place afin que le corps de son père pût être enseveli. Callias, homme nouveau de très basse extraction, très riche, rachète à l'Etat le fils du grand général vainqueur de l'Orient, Cimon, et rembourse l'Etat des sommes dues par Miltiade. Outre cela Callias donne à Cimon sa fille.

Un jour, Cimon surprend sa femme assise sur la queue d'un homme. Cimon tranche la queue, perce la femme sous le sein, frappe une seconde fois l'amant qui se trémousse en se tenant les bourses des deux mains et en hurlant sur le triclinium. Callias fait un procès à son gendre : il ne nie l'acte d'adultère, ni le flagrant délit, ni la légitimité du meurtre mais il accuse Cimon devant les magistrats d'ingratitude. Cimon dit :

— Non potest generosus animus contumeliam pati. (Une âme généreuse ne peut supporter un outrage.)

— Ma fille prenait un plaisir que tu rechignais à lui donner.

— J'ai pitié de mon accusateur, non parce qu'il a perdu sa fille, mais parce qu'il l'a faite.

— Je désirais un gendre affectueux.

— Tu voulais un gendre illustre.

— Ma fille, si tu l'avais aimée, c'est sur ta queue qu'elle aurait dû être assise.

METELLUS AVEUGLE

Metellus caecatus

En – 261, à Rome. Lucius Caecilius Metellus était pontife. Le temple de Vesta brûla. Caecilius Metellus s'introduisit dans les flammes, sauva le palladium. Il revint la toge enflammée par le feu sacré. On versa sur lui un tonneau gaulois plein d'eau. Il est assis par terre, nu, noir et il hurle encore. On découvre qu'il a perdu les yeux dans le feu. On le soigne, on le révère, on l'entoure d'honneurs. Un homme se lève et invoque la loi « Sacerdos integer sit » (Un prêtre ne peut présenter aucune tare). Le citoyen demande qu'on ôte à L. Caecilius Metellus le droit d'exercer le pontificat. Metellus se tait. Les principaux citoyens font valoir que le pontife n'a jamais eu tant de titres à présider au sacrifice. La déesse a été préservée, les objets sacrés sauvés de la destruction. L'homme répond :

— De même que la victime est sans tare, celui qui l'égorge ne saurait lui être inférieur. La puissance des sacrifices est en cause. Si les dieux envoient à leur prêtre une infirmité, c'est le signe qu'ils sont irrités contre lui.

L'institution de l'étalon-or date de – 15. En – 15, c'est l'apogée du premier pouvoir d'Auguste. Ce sont les campagnes victorieuses de Tibère sur le Danube. En – 15, la fille puînée d'Albucius meurt bréhaigne à Milan. Seule Polia survivra.

En – 11, Auguste relève le flaminat de Jupiter. Albucius n'est pas à Rome mais en tournée en Gaule cisalpine, et à Milan où il connaît beau-

coup de gloire. Il rejoint Novare, où il passe
l'hiver. Il rejoint l'enfance. Soit il est déprimé, soit
il souffre : c'est pourquoi il aurait accepté de
devenir édile de Novare. Cestius rapporte qu'il
aurait cessé de parler durant plusieurs saisons.
Ceci est douteux — et contradictoire avec l'*Odi
meos* (Solus, orbus, senex, odi meos. Seul, sans
enfants, vieux, je déteste ma famille). Selon Cestius toujours, il aurait acheté des esclaves et des
enfants en grand nombre pour peupler ses propriétés de Novare. Puis il passe en Italie.
« Infari », en langue latine, c'était ne pas parler.
De la naissance à l'âge de sept ans le « puer » était
nommé « infans », sans langage. Lucrèce, qui
était plus âgé qu'Albucius, employait le substan-
tif « infantia » avec le sens d'incapacité de parler
et ne liait pas le mot à l'enfance. « Infandus »
était ce dont on ne doit pas parler. Le mot qui dit
l'abominable et qui dit l'enfant est le même.
« Infantissimes », tel est le nom qu'octroyait
Cicéron aux bébés. Plus on approche de l'incapacité de parler, plus l'enfance fait retour. Les nour-
rices ou les mères racontaient des « fabulae » au
« puer infans » afin qu'il pût parler (fari), afin
qu'il pût devenir « fans », ou « fabulor », ou
« fabulosus ». Tel est le « fatum » (le destin, le
dit) de l'homme. A Rome les hommes étaient liés
aux fables.

CHAPITRE XX

Le Rhyparographe

En – 4 Jésus naît. En tout cas Hérode meurt. Le trophée de La Turbie est érigé et brille dans le soleil. Qu'on vienne de la terre ou par la mer, on le voit. L'été, je passe dans une petite part de son ombre les vacances. Ma sœur Marianne y vit et c'est dire que la joie s'y trouve ou que je l'y retrouve. Je n'ai jamais eu besoin qu'on me remontre que le paradis existe. Je connais cent vingt ou cent trente lieux où il se situe et celui-ci, à mi-colline, sous le soleil brûlant, avec les portiques Napoléon III et les statues, les murs couverts de bougainvillées violettes — bornés de lauriers-roses presque éternels, semblables à ceux que C. Albucius Silus aimait au bas de son jardin — est l'un d'entre eux. Je reviens à Albucius, que le temps a oublié, et que je trouve de plus en plus inoubliable. Plus inoubliable par exemple, à mon gré du moins, que Cicéron ou que Varron, dont il a écrit les vies romancées. En – 4 donc, tandis que l'empereur Auguste faisait jointoyer les pierres si blanches et si vastes du trophée des Alpes, Albucius accolait quelques mots sur la cire d'une tablette de bois.

En – 4 Albucius fit paraître *Les habits de deuil* (Lugens divitem sequens filius pauperis). En – 2 (le texte dit : « Six ans après que Mécène était mort ») — et tandis que Jésus cherchant à tenir debout joue avec des petits chariots de buis, une perdrix, des coins de charpente, sur le seuil de l'atelier de Nazareth — Albucius, revenant d'Herculanum à Rome, tombe de sa litière qui s'est rompue. Il roule sur le pavé de la via Appia près de la porte Capène. On se presse autour de lui. On verse une amphore d'eau sur son visage. On le porte et on l'étend sur la couche de la litière qu'on a remise à peu près en état. Il étreint le bras d'une lavandière qui revenait du Tibre et la supplie : « Je veux la grâce du bûcher. » Il secoue le bras de la femme en disant : « Qu'on verse du lait sur mes mânes. » Elle porte à ses lèvres un petit bol de vin râpé. On le ramène chez lui.

Cestius dit qu'il consacrait, dans les dernières années de sa vie, tout son argent dans l'achat de vins et de volumes mais réservait toujours quelques pièces de monnaie pour faire imbiber des linges intimes à des personnes du voisinage qu'il s'appliquait sur le nez tandis qu'on tirait de lui du plaisir avec les doigts. Il buvait surtout du vin de Rhetia ou de la simple piquette de Novare. Tous les matins de sa vie il but du lait de nourrice.

Vieillissant il disait : « J'ai éprouvé ce que le caractère des femmes a de plus douloureux et présente d'incompréhensible. Je les ai plaintes et je me suis éloigné d'elles. Mais l'odeur de leurs parties intimes m'emplit de nostalgie à chaque fois que l'idée m'en revient à l'esprit. Même les

parties de Spuria sentaient bon. Je ne
m'approche plus de ces grands corps mous et
récriminants à moins de dix pas. Mais j'achète du
linge macéré. »

Tous le connaissaient de réputation. Peu
l'avaient entendu. La plupart de ses auditeurs
étaient morts. Rien n'est parvenu jusqu'à nous
que des fragments, des citations, des ruines. Je
suis Eugène Viollet-le-Duc remettant debout ou
inventant Notre-Dame de Paris ou le château de
Pierrefonds.

Cestius dit que Spuria au contraire honnissait
le vin de Rhetia, aimait les poissons de mer et
non ceux de rivière, particulièrement les thons,
parce que leur sang était rouge et qu'ils pouvaient
être sacrifiés. Arruntius dit qu'elle l'avait surnommé Umbo (c'est la bosse qui est au centre du
bouclier) parce qu'il bandait beaucoup. Arruntius rapporte aussi — ce qui est une chose singulière de la part d'un citoyen d'autant plus
conservateur dans ses mœurs qu'il était surpre-
nant ou novateur dans ses improvisations et dans
ses écrits — qu'il priait le dieu faucon Houroun
des Egyptiens. Tout cela est une suite de ragots.

A Arruntius il avait affirmé que quelques dif-
ficultés qu'il eût à se détourner de la vie urbaine
et des plaisirs qu'il y trouvait, il n'avait pu empêcher qu'il eût toujours peur des hommes et qu'il
frémît toujours dans leur compagnie. Comme
son petit esclave syrien quand il écoutait une
voix qu'il ignorait derrière la cloison, il frémissait. Il frémissait comme le gladiateur dans le
théâtre de Pompée à l'approche d'une bête dont
les lèvres retroussées laissent passer une bave et
un son qui effraient. Il ajoutait qu'il n'avait pu
se garantir du désir de se venger de cette peur

au point de la retourner contre ceux qui l'inspi-
raient. Qu'il n'avait pu se prémunir contre le
plaisir d'immobiliser à son tour, de surprendre
l'attention, de plonger dans l'affût, dans le
silence, dans l'alerte des sens et la sidération.
C'était l'art. C'était la piété cruelle de l'art. Les
Athéniens disaient, quand il était adolescent —
quand César était encore en Espagne ultérieure,
quand il ignorait encore Spuria Naevia, quand
Lucrèce était vivant —, que le but de l'orateur
consistait à faire mettre à genoux à l'aide d'une
voix. Cela valait la peine qu'on se donnait en
fabriquant des œuvres. C'était un plaisir de roi.
Le livre de l'écrivain exposait à une attente plus
silencieuse, et qui pouvait être si longue qu'on
était bien inspiré de s'asseoir. Ce service s'appelait la « lectio » (la cueillette, la lecture). Que les
liens propres à cet office se resserraient sans
cesse sans que les victimes murmurassent pourtant. Elles étaient abandonnées à affectionner
un dieu de plus en plus lointain. Un lit ou un
tabouret, un rouleau, une lampe : tels étaient les
instruments du sacrifice peu bavard. Un corps
à demi enroulé lui-même, qui rêve sans dormir,
qui veille sans se dresser : tel en était le prêtre.
Il existait des êtres qui couraient le monde sans
qu'ils dépliassent les jambes. Tel était le temple
et telle était la captivité à une voix silencieuse.

Arruntius compare Albucius Silus à César. Il
explique la cinquième saison comme une simple
proposition de réforme du calendrier. Cette cinquième saison se serait ajoutée à l'été et devait
être intercalée entre le mois de Quinctilis et celui
de Sextilis. Cette hypothèse est pauvre et paraît
sans vraisemblance encore qu'elle déçoive. La
« satura » de Cestius rapporte d'une même façon

une diatribe peu vraisemblable du déclamateur :
« Les plus agréables moments que j'ai connus
furent ceux où je m'endormais sur ma tablette de
buis, la vision de l'aurore quand elle enveloppe
le sein dont je désire le lait, le jour où j'ai renvoyé
ma femme Spuria, le jour où Brutus a percé les
couilles de son oncle sur les marches du théâtre
de Pompée, l'odeur de chou bouilli mêlé de morceaux de porc, le petit bruit du lait qui gicle dans
le bol quand la nourrice presse son téton avec ses
doigts. »

Encore selon Arruntius. Albucius possédait
une villa à Herculanum, en Campanie, héritée de
son père, où il ne mit pas les pieds souvent, si peu
vif était son désir de voyager en litière ou à cheval, mais qu'il dut voir une fois cependant,
puisqu'il rapporte que les murs du cenaculum
étaient couverts de petites fresques détourées
représentant des animaux morts et des objets
ordinaires rendus avec une vérité extrême, souli-
gné par des ombres : des lapins pendus par les
pattes arrière, des livres roulés et des chandelles,
des melons, un rouget qui semble vivre. Cestius
raconte qu'en – 12 (le 28 avril, mot à mot : « Tandis qu'Auguste dédiait une chapelle à Vesta dans
sa propre demeure... »), Albucius aurait rencontré Peiraikos le Rhyparographe (le peintre des
choses viles) et il lui aurait commandé un passereau mort (peut-être une merlette), des raisins en
grappe avec un compotier de chêne et une lampe
à huile rouge afin de décorer le mur nord de la
bibliothèque d'Herculanum. On ne sait si la commande aboutit. Le romancier des mots sordides
rencontrait le peintre des choses viles. Ils
s'asseyaient l'un en face de l'autre sur des tré-
pieds de fer. Ils se disaient : « Bonjour ! » Ils évo-

quaient une certaine quantité de sesterces... A
Seneca, Albucius disait de façon mélancolique
(mais autant Cestius présente un Albucius cru et
sordidissime, autant Sénèque le Père le montre
sous un jour pensif et plus douloureux) : « La
diversité des choses qu'éclairent les astres du ciel
et la multitude des plaisirs qu'elles donnent
créent au fond de soi une plaie que chaque jour
agrandit. D'heure en heure, elles augmentent la
détresse qui naît à la pensée de les quitter. J'ai de
l'inclination pour le soleil. J'ai de la joie devant
la lumière vive et brûlante qui excite les couleurs
et qui accroît le relief que font les plantes ou les
bêtes sur le sol, les offrandes sur les autels, les
mets sur les tables. J'éprouve de la tendresse
pour les torches qui douent de solitude les plus
humbles de ces choses et les entourent de silence
et d'une ombre terrible. »

CHAPITRE XXI

La nuit

J'invente. On sait qu'une espèce de cancer a rendu cruelles les dernières années de la vie de Caius Albucius Silus. On ne sait rien de plus. Il y eut tout à coup le grisollement d'une alouette. Albucius regarde ses mains : plissées, rongées aux ongles, pâles et presque fragiles dans la lumière lunaire. Il faisait nuit. Il errait dans le parc, se tenant le ventre par instants, en souffrant.

Soudain une pluie lourde et tiède et lente se mit à tomber. Elle frappait aux épaules, rebondissait sur le crâne nu. Il regagna courbé en deux la maison. Il frappa en entrant sur le gong qui pendait dans l'atrium, près des visages de cire. Les petits esclaves vinrent précipitamment avec des lampes. Albucius prit une lampe à huile. Il les chassa de la main. Il s'assit. Il revit la crypte où les partisans rangeaient les baudriers, les piques et les cuirasses. La grotte sentait le poisson mort, la mer. Il y avait quatre petites bougies qui clignotaient.

Puis Albucius se leva, la lampe à huile à la main, tourna le dos au péristyle et il gagna les deux longues pièces poussiéreuses près de l'entrée. Il approcha la lampe à huile près du grand miroir d'Egypte qui était accroché là. Il approcha son visage de la grande surface de cuivre qui brillait dans l'ombre. Il surprit le reflet obscur et jaune de ses sourcils blancs, complètement blancs, comme la neige sur les Alpes, qui surmontaient ses yeux. Il ne vit pas ses yeux dans le miroir mais il sentit tout à coup en lui qu'il avait le désir de fermer les yeux à jamais. Il se surprit aussi à penser combien il avait aimé les lumières, les reflets, les odeurs et les choses et les mots qui les reflétaient dans l'obscurité vague elle-même du langage. Il avait envie de fermer les yeux tant la douleur et l'absence de sommeil et la faim rendaient chaque instant intolérable.

Les deux sourcils si blancs reculèrent dans le miroir d'Egypte couvert de poussière. Il s'éloigna. Il décida ce soir-là qu'il se donnerait la mort. Il se dit : « Je me réjouis de quitter la souffrance. Je ne rejoins pas l'Erèbe ni le peuple des ombres. Je fuis mon ventre troué et le sang dans mes selles ! » Il eut mal de nouveau. Il appela un petit esclave pour qu'il s'enquît d'un urinal. Le petit esclave revint et approcha le vase du ventre de son maître. Albucius souleva le bord de sa tunique et rendit une eau épaisse mêlée de sang. Il poussait des petits gémissements en pissant.

C'est l'an 1. Rien à signaler dans l'univers. Ovide met un point final à ses *Métamorphoses* : il ajoute huit vers à Narcisse.

Il s'était évanoui de douleur sur la voie Appia
à midi. Quand il se réveilla, la première personne
qu'il vit, dans sa chambre, près des rideaux
pourpre et bleu, fut sa fille aînée. Il l'appelait « La
Survivante ». Polia regardait par la fenêtre. Elle
était de profil. Il vit dans la lumière bleue et grise
de l'aube son profil, ses cheveux gris, la forme
épaisse et obscure du lourd chignon d'où s'échap-
paient des mèches grises ou blanches en
désordre, les deux coques de cheveux gris affais-
sés sous l'oreille. Elle avait deux mentons vastes
qui s'étayaient l'un l'autre. Quand elle se retourna
vers lui, elle lui parut belle, elle avait un regard
plein d'inquiétude. Elle avait pleuré et il en res-
sentit de la satisfaction. Elle avait l'air d'avoir
douze ans et de ne pas saigner encore alors
qu'elle en avait plus de cinquante. Elle s'approcha du triclinium où on l'avait étendu. Elle portait son habituelle toge jaune et gris, sale et complètement passée de mode, souillée au-devant et
qui traînait derrière elle par terre. Polia s'age-
nouilla près du lit où reposait son père. Elle
pleura sur le ventre d'Albucius. Il avait l'impression de caresser les cheveux d'une petite fille.
Elle sentait le vin et il en eut du dégoût. Il fit
signe aux esclaves qu'on ôtât ce grand corps qui
pesait sur son estomac. Il lui dit :

— Ma fille, je vais partir. Tu pues. Lave-toi.
Lave ton linge et tes toges. Tiens la maison. Surveille les esclaves. Maigris. Epoussette les murs
et les meubles. Fais repeindre après que je ne
serai plus. Mâche des herbes quand ta bouche
sent. Jette cette toge-ci.

Polia était debout, le visage heureux, quoique
les rides autour de sa bouche, près de ses yeux,
à son cou fussent encore marquées par les
larmes. Ses yeux brillaient d'affection et
d'enfance. Elle avait l'air sereine et pleine d'admiration.

— Mon père, dit-elle et elle mit un baiser dans
la paume de sa main après qu'elle lui eut dénoué
les doigts.

Elle se leva et elle fit tomber un trépied de
marbre ou d'ambre qui se brisa. Elle titubait. Elle
traversa la chambre. Elle renversa une boîte à
rouleaux. Elle s'immobilisa. Son père s'assit sur
son lit et, s'aidant du montant de cuivre, se mit
debout. Elle défit sa vieille toge souillée jaune et
gris. Elle débanda la soie qui enveloppait ses
seins. Ses deux grands seins s'étalèrent devant
elle sans qu'ils touchassent son ventre proémi-
nent. Il la regarda. Il s'avança, la contourna lentement, repoussant les mains qu'elle tendait vers
lui, parvint à la porte. Il franchit la porte et gagna
le péristyle, contourna le bassin plein d'iris en
fleur et de fougères sauvages, parvint à petits pas
dans l'atrium : il ouvrit l'armoire aux ancêtres. Il
dévoila les figures de cire : sa fille aînée ressem-
blait à son père. Et il pleura. Il n'avait jamais vu
son père que sous la forme funèbre de ce masque
de cire silencieuse et blanche.

CHAPITRE XXII

Les riches et les pauvres

En 3, il quitte l'Italie. Il est en Ligurie, à Gênes, quand Valerius Messala proclame « Pater Patriae » Auguste et il compose *La fille du pirate*. *Les habits de deuil* sont de – 4. En + 4, il est dans sa maison de Campanie, à Herculanum. *Le pauvre naufragé* fut écrit à la villa, très précisément en octobre.

Dans *Lugens divitem sequens filius pauperis (Les habits de deuil)*, Albucius invente une situation étrange : un adolescent vêtu d'habits de deuil ne cesse de suivre, sans l'importuner, sans l'approcher même jamais, un homme riche où qu'il aille. Le roman repose bien sûr sur une double fiction. On suppose qu'on peut provoquer une action en justice pour injure. On imagine un homme qui est marié, il a un enfant et il a un ennemi irréconciliable qui est devenu très riche par des moyens qui ne sont pas honorables. Un jour, le pauvre est retrouvé assassiné dans la chambre à coucher, dans une flaque de sang mêlée à la terre battue du sol. Aucun des coffres

n'a été dérobé. Le fils du mort fait enquêter en
vain. On brûle le mort. A dater des funérailles,
toujours vêtu d'habits sordides, le fils du mort se
met à suivre continuellement le riche, qu'il aille
à pied, qu'il monte en litière. Prend-il une mule,
le fils endeuillé loue un âne et le suit. Le riche ne
supporte pas ce jeune homme qui le suit comme
l'ombre. La mort semble le talonner. Il le traduit
en justice. Devant le magistrat, le riche somme
l'enfant de l'accuser. S'il a quelque soupçon, qu'il
le dise. Le pauvre répond :

— Accusabo cum potero (J'accuserai quand je
pourrai accuser.)

Et le pauvre continue à suivre le riche, toujours
la barbe sale, les ongles longs, la toge déchirée.

Un jour, le riche brigue les honneurs. Il échoue.
Les électeurs montrent du doigt ce licteur
étrange et funèbre qui l'accompagne dans tous
ses déplacements. Le riche traduit de nouveau le
pauvre en justice et l'accuse d'injures. Le pauvre
déclara :

— Quod sordidatus fui, luctus est. Quod flevi,
pietatis est. Quod non accusavi, timoris est. (J'ai
revêtu des habits de deuil, c'est par affliction. J'ai
pleuré, c'est par amour. Je ne l'ai pas accusé, c'est
par peur.)

En multipliant les sarcasmes le pauvre accusait le riche d'étouffer la possibilité de marcher
dans la rue, d'interdire le port d'une robe de
deuil, d'interdire les larmes à ceux qui souffrent,
d'interdire le silence à ceux qui se taisent. « Faut-
il demander aux hommes qui sont riches l'auto-
risation d'être pauvres ? Faut-il leur demander
leur consentement pour se raser la barbe ? »

Le riche dit :

— Cur me sequeris ? (Pourquoi me suis-tu ?)

— Quasi aliud iter pauperes, aliud divites habeant ? (Y a-t-il donc des rues pour les pauvres et d'autres pour les riches ?)

— Sordidatus es. Fles. (Tu es vêtu de deuil. Tu pleures.)

— Mon père est mort. Je porte des vêtements qui sont déchirés parce que mon âme est déchirée.

— Pourquoi me regardes-tu quand tu dis que ton père est mort ?

— Je ne te regarde pas. Je pleure.

— Pourquoi me suis-tu comme l'ombre du crépuscule le corps, comme le parfum de l'œillet, l'œillet ?

— Même les magistrats ne font pas ranger la foule qui les suit. Accusez mes vêtements. Accusez ma barbe de pousser. Accusez ma douleur. Licet flere. (Il est permis de pleurer.) Licet ambulare qua velis. (Il est permis de se promener où on veut.)

LA FILLE DU PIRATE

Archipiratae filia

Un jeune homme voyage vers Alexandrie. Il est pris par les pirates. La rançon est fixée. Il écrit à son père de le racheter. Le père n'en fait rien.

Dans la cale, dans l'ombre, une lampe à huile en terre rouge à la main, la fille du chef des pirates amena le jeune prisonnier à lui jurer qu'il l'épouserait s'il recouvrait la liberté. Elle a regardé le corps couvert de haillons, les membres serrés par les liens, et elle a vu plus loin que les haillons et les chaînes. Elle aima le regard qu'il y avait dans les yeux que la maigreur enfonçait dans les orbites. Elle s'amusait avec son sexe. Il ne pouvait l'étreindre : ses mains étaient blessées par les chaînes et impuissantes. Enfin, il lui promit le mariage. Elle lui fit prêter le serment par les images de ses pères. Elle accepta qu'il jouisse. Elle avait sa main sur sa mentule et il tremblotait de plaisir dans ses chaînes.

Un soir, elle le délivre, ils prennent une barque, ils s'enfuient. Ils retournent dans la ville où il est né. Il revoit son père, lui présente la fille de l'archipirate : le père refuse le mariage. Son père lui présente à son tour une fille de noble famille et riche d'un héritage récent. Le fils répond :

— Je préfère être l'époux d'une fille qui sut m'ôter les chaînes que de devenir l'esclave opulent d'une femme riche.

Julius Bassus sut développer ce trait qu'Albucius avait simplement indiqué : *Omnes uxores divites servitutem exigunt...* (Toutes les femmes riches font de leur mari un esclave...) : « Des hommes se sont contentés pour prendre femme d'esclaves qu'ils achetaient, auxquelles ils ont mieux aimé accorder leur liberté que de vendre la leur. Quand on cherche une épouse, qu'on voie bien si elle ne met rien au-dessus de son mari, si elle est capable de supporter tous les malheurs. Si elle possède ces qualités, elle est assez riche. Il est des nobles qui, par leurs scandales, ont terni les images de leurs ancêtres et de leurs pères. Il est des hommes sans naissance qui ont laissé un nom à leurs descendants. Pour les uns n'avoir pas su garder ce qu'ils avaient reçu est un très grand déshonneur. Pour les autres avoir acquis ce que personne ne leur avait donné est une gloire. On ne doit juger que par les actes qui dépendent de nous et qui nous entourent comme nos bras et nos jambes. Que penses-tu de ces hommes venus de la charrue qui, pauvres eux-mêmes, ont rendu l'Etat prospère ? Pourquoi énumérer des individus quand il te suffit de regarder la Ville. Ces collines ont dressé leurs cimes nues et, dans la vaste enceinte de nos murs où maintenant, au-dessus des toits qui dressent leurs faîtes élevés d'or pur, brille le Capitole, il n'y a rien de plus noble que l'humble cabane où Romulus s'abritait. Admire que ce peuple ait trouvé une grandeur constante en rappelant sans cesse à la mémoire un commencement si mesquin. »

LA MAISON EN FEU

Domus cum arbore exusta

Un riche demanda à un pauvre, qui était son voisin, de lui vendre un grand platane dont l'ombre l'importunait. Le pauvre refusa de vendre. Le riche mit le feu au platane qui le communiqua à la maison du pauvre. Le riche offrit quatre fois la valeur du platane (dommage volontaire) et une fois la valeur de la maison (dommage involontaire). Le pauvre poursuivit le riche devant le magistrat.

— Réveillé par le crépitement des flammes, j'appelle mon voisin. Mon voisin n'accourt pas avec un seau d'eau : il tient une torche à la main.

— L'arbre, les rameaux portaient leurs ombres sur mes fleurs.

— Mettre le feu aux rameaux du platane, c'était mettre le feu au toit de ma maison. La maison doit être payée quatre fois.

— L'arbre obstruait le ciel et non la maison.

L'arbre empêchait l'air de passer et non la maison. J'ai dit : Taille. Tu as dit : Non. J'ai brûlé des feuillages qui étaient dans mon jardin.

— O riches, vous possédez tout. Vous possédez les villes, les hommes, les œuvres, les femmes, les choses, les bêtes. Laissez aux pauvres la vision d'une ombre, celle d'une branche, le pépiement d'un merle.

— Pourquoi la pauvreté et l'infirmité de l'esprit ôteraient aux riches la vision du ciel et l'usage du soleil et du vent ?

— Ces branches m'abritaient de la pluie.

— Elles ne t'abritaient pas du feu.

LE GLADIATEUR

Gladiator

Un riche et un pauvre étaient ennemis irréconciliables. Leurs deux fils s'aimaient étroitement sans qu'ils disent rien à ceux qui les avaient ensemencés. Lors du voyage à Athènes, au terme de ses études, le fils du riche est enlevé par les pirates. Ces derniers le contraignent à écrire à son père et fixent le montant de la rançon. Le père, quelque riche qu'il soit, est lent à réunir la somme et tergiverse. Le fils du pauvre, tenu au courant par les esclaves du peu de diligence du père de son ami, part sur-le-champ. Il découvre qu'il a déjà été vendu par les pirates à un maître d'escrime qui le nourrit, le muscle, l'épile, lui apprend à danser, à esquiver, à supporter les cruautés. Il se hâte, arrive dans la ville où son ami est sur le point d'engager le combat comme gladiateur : il le découvre maigre, déprimé, sans force. Il s'offre pour être reçu en sa place, se dénude et s'exhibe devant le maître d'escrime. Le maître accepte l'échange. Il meurt dans le combat, dans l'huile et dans le sang, sous les applaudissements de la foule, criant à son riche ami — tandis que ce dernier applaudit avec frénésie devant la beauté de sa mise à mort — qu'il lui recommandait son père et le priait de le nourrir dans ses vieux jours, quand le besoin et la faiblesse émacieraient ses jambes et entraveraient ses déplacements.

De retour à la cité natale, le fils du riche nourrit et vêt et entretient ouvertement le père de son ami. Son propre père le chasse et l'abdique de tous ses droits.

— La division de nos familles nous a unis dès les bégaiements de l'enfance. Il a traversé une mer pour prendre ma place dans la mort. Le son des trompettes était aussi funeste qu'il était perçant. Le sang des précédents combats et le cri des bêtes souillaient encore l'arène. Le soleil était haut dans le ciel. On entendait déjà gémir et le peuple murmurait en retour et demandait à être diverti. Il haussa la visière pour me donner le dernier baiser. Il entre dans l'arène.

LE PAUVRE NAUFRAGÉ

Pauper naufragus

Sur l'île de Phéace, un riche demanda trois fois à un pauvre la main de sa fille. Trois fois le pauvre lui opposa un refus et il prit la mer avec sa fille. Le navire fit naufrage. Le courant, le sort, le vent et le hasard poussèrent les débris du navire et les corps des naufragés sur une grève que possédait le riche. Ils ruissellent d'eau. Ils se tiennent debout et nus sur le sable.

Erat in summis montium jugis ardua divitis specula : illic iste naufragiorum reliquias computabat. (Au sommet de la montagne, le riche avait un observatoire d'une hauteur prodigieuse : de là, il estimait la valeur des épaves et il s'enrichissait.) Voyant ces deux suppliants qui se tenaient tout nus sur la grève, il se précipita, avança à grands pas sur le sable, demanda au pauvre la main de sa fille, qui se tenait pudiquement à ses côtés, les deux mains sur les seins, les deux jambes serrées l'une contre l'autre.

Pauper tacuit et flevit. (Le pauvre ne répondit rien et se mit à pleurer.) Le riche prend la main de la jeune fille dans la main du pauvre et l'épouse. Elle est nue : il la fait avancer devant lui. Il la prend sous les sureaux pendant qu'elle hurle. Le pauvre retourne dans sa maison. Il passe les haillons d'une vieille toge, il va trouver les magistrats de la cité et leur demande d'exercer son choix.

Le pauvre, dans le roman d'Albucius, s'exclamait :

— Ut litus agnovi, naufragus in altum natavi. (Dès que j'ai reconnu le rivage, quoique naufragé, j'ai nagé vers la haute mer.)

Il disait aussi :

— Je n'ai pas été victime d'un naufrage. J'ai été victime d'un rivage.

La fin du roman a été louée par beaucoup : Interrogor de nuptiis filiae, cum adhuc pulsaret aures meas fluctus. (Je m'entends demander la main de ma fille, quand la mer venait battre encore mes oreilles. Je pleurai.) Lacrimae coacti doloris intra praecordia et intolerabilis silentii eruptio. (Les larmes sont l'explosion brusque d'une douleur cachée au fond du cœur et la brèche d'un silence que l'on n'a plus la force de garder.)

CHAPITRE XXIII

Les abeilles du rêve

Je crois que je vois Albucius qui prononce ces mots. Il ne fait pas jour. Il erre dans la villa de la porte Capène. La nuit, il souffre trop pour trouver le sommeil. Il attise avec un morceau de fer les braises. Il pose la main sur le brasier qui devient tiède, au centre de la longue pièce. Il regarde parfois le ciel obscur. Il dit à part soi, ou dans le silence de son esprit sans que les lèvres forment les syllabes : « Il n'y a pas que la souffrance qui me blesse continûment. Il y a du dérèglement dans le chagrin que je me donne à moi-même par le biais du langage. Rien ne m'a intéressé jamais qui n'ait été broyé, malaxé, confondu, digéré et régurgité dans ma langue et je ne vois rien dans cette espèce d'obscurité qui me satisfasse. Ni la beauté de la forme, ni la précision du vocabulaire, ni la singularité du sujet, ni la diversité de ce que je montre, ni l'originalité de ce que je pense ne me donnent de joie. Mais l'ombre d'une force m'attire. Elle est à l'image de la vie et s'impose avec la même gros-

sièreté que la vie fait, et ne s'assouvit qu'avec la
même insuffisance et la même précarité. Je voudrais qu'il se trouve une phrase où je puisse
prendre confiance. Tandis que je creuserais avec
le poinçon la cire de la tablette j'aurais la certi-
tude que celui qui la découvrirait serait plongé
dans une espèce de passion éternelle dont il ne
saurait pas plus la cause que celui qui l'aurait ins-
crite ne pourrait l'évoquer précisément. Une
phrase écrite qui retiendrait quelque chose de la
saison qui fut avant que le langage n'engloutisse
le corps et l'âme et la mémoire comme une vague
sans retrait. C'est la saison stupéfiante, le temps
sans voix et la contrée impossible. Il y a au fond
de nous un temps passé qui est irrésistible. C'est
cette saison qui voue à l'imparfait toutes les narrations humaines. »

Il fut pris de rejets de bile et il sut que les
heures ou les jours qui venaient étaient ultimes.
Il fit venir un de ses libraires et lui commanda de
décrocher la grande écuelle noire qui était au
mur. Il ordonna à un autre de ses petits esclaves
qu'il apportât un brasier. C'était au mois de juin.
Ils allumèrent le brasier. La sueur coulait sur les
visages, les nuques, entre les seins, sur les esto-
macs. Il se pencha et mit à brûler le compotier
qu'il tenait de sa bisaïeule maternelle. Ce morceau de chêne flamba brusquement pareil à une
petite feuille sèche. Albucius s'alita pour ne plus
se relever. Il se fit lire *Apes pauperis* (Les abeilles
du pauvre). C'était une de ses plus belles déclamations. L'intrigue est très proche de *La maison
en feu* :

Un pauvre et un riche avaient leurs jardins
contigus. Le riche avait les arbres et les fleurs, les
vignobles et les champs, les bois et le bord de la

rive et la barque pour pêcher ou bien pour se glis-
ser sous la frondaison des saules. Il venait là une
ou deux fois le mois pour peu que le temps fût
clair et il buvait du vin avec ses maîtresses. Le
pauvre avait une ruche qui formait toutes ses ressources.

Première scène : un jour de grande chaleur les
maîtresses de l'homme riche et leurs servantes
souffrent de piqûres. Le soir, alors que leur
amant revient de Rome à cheval, elles se
plaignent à lui qu'elles sont importunées par les
moustiques de la rivière, les mouches à miel des
fleurs et les pucerons des buissons. Le riche
ordonne qu'on arrache le buisson de sureaux,
qu'on fumige les herbes de la rive et fait venir le
pauvre en lui demandant la permission soit
d'enfumer sa ruche, soit de la transporter au-delà
du bois. Le pauvre refuse net. Le riche fait déver-
ser une liqueur empoisonnée à base de miel sur
les bandes et dans les massifs de fleurs. Les
abeilles meurent sur-le-champ après qu'elles les
ont succées. Le pauvre, définitivement pauvre,
poursuit en justice le riche pour dommage avec
injure. Seneca a conservé une phrase de la
harangue du pauvre : « Cet homme me doit une
ville, un roman, un pâturage, un bœuf et une lyre.
Mon pâturage, c'étaient les calices des fleurs. Ma
lyre était leur murmure. Mes bœufs étaient le
sucre qu'elles fabriquaient. Ma déclamation, le
récit du trajet qui les menait aux fleurs. Ma ville
était ce buisson de sureaux. »

La deuxième scène consistait dans la descrip-
tion de l'ascension sociale du riche rachetant peu
à peu les parcelles du hameau, refoulant les vil-
lageois, les bêtes, les femmes, les petits. Le riche
s'approchait peu à peu de la ruche du plus pauvre

d'entre eux. Le pauvre disait : « A l'origine, je n'étais pas son voisin : c'est lui qui est venu avec son armée m'assiéger. Il m'a assiégé de ses vignobles et de ses champs, de ses forêts et de ses massifs de fleurs. Il m'a pris jusqu'à la jouissance du ruisseau. Je bois l'eau qui tombe des nuages. Je ne plie plus l'osier pour faire des corbeilles qui trempent dans les trous d'eau stagnante qui bordent la rive. »

Il disait : « Aujourd'hui je tends en vain l'oreille en direction du rucher. Il n'y a plus rien dans la boîte de bois que le silence, l'odeur d'un rayon de miel commencé et la petite beauté d'une cire imparfaite. » Dans Cestius le pauvre disait : « J'ai le souvenir de leurs morts, groupées en peloton de mouches qui gémit. O juges ! Puissé-je faire mourir leur meurtrier ! Un homme qui n'a pas de respect pour les roses et les mouches se détourne à jamais du laurier et des aigles. »

Dans Albucius la conclusion était autre : « Qu'on arrache le sucre de sa table ! Qu'on sépare de son vin le miel qui lui donne son ferment et son goût. Paucorum damno foliorum doluisse... : Un homme riche se plaignait du dommage que faisaient quelques fleurs. Il ne voit pas qu'il les a rendues inutiles. Il fallut du miel jusque dans le poison qu'il prépare. Il ne voit pas qu'il a rendu le vin qu'il buvait avec ses maîtresses impossible en mettant à mort les mouches qui en faisaient au sein de leur jabot une œuvre aussi bonne que visqueuse, et qui était aussi sucrée que blonde. »

Albucius disait : « Les hommes sont les abeilles. Ils régurgitent leur vie sous forme de récit pour ne pas demeurer hébétés dans le

silence comme sont les fous ou les malheureux.
A chaque retour de la nuit, ils restituent,
amassent, partagent et dévorent les sucs qu'ils
ont récoltés et le récit de leur quête. Ce sont les
veillées et ce sont les rêves. » Il disait : « Je ne
suis pas sûr que les récits des hommes soient
plus volontaires que leurs rêves. J'ai le souhait
qu'ils soient aussi impérieux si ce sont des
romans (declamationes). Les romans sont aux
jours ce que les rêves sont aux nuits. Quelles
bêtes prédatrices pourraient-elles supporter que
leur vie épouse autre chose que l'image d'une
espèce d'affût et de course, de désir et de proie ?
Nous nommons cela le sens de la vie. Nous
aimons les mots qui sont impressionnants. Ils
ne peuvent pas vivre sans remâcher un petit
lambeau de couenne, sans remâchonner
quelque chose de la victime. Les livres que com-
posent les hommes depuis Troie, depuis Albe, ne
sont pas plus cultivés ou civilisés que le miel ne
l'est au regard de ces insectes jaunes et noirs qui
volent et qui prélèvent leur butin dans le sexe
des fleurs. Que celui qui coupe les fleurs que les
nations contiennent sache qu'il extermine non
seulement les mouches jaunes mais les astres où
elles prennent repère. Les ruches s'étiolent. Le
miel du retour est raréfié. Les auteurs de roman
ou de conte (declamationes sive saturae) sont
des araignées qui tissent des fils perlés de rosée
dans le désordre des sentiments et des jours. Ils
nous permettent de nous réciter une leçon que
notre attention même rend impossible et qui
nous fait passer en hâte d'un peu de flottaison
dans l'obscurité du sexe d'une femme à la désin-
tégration de la lumière où vécut notre désir dans
la mort où il s'éteint. Ils élaborent la douleur. Ils

donnent un nom à la peine ou à la vengeance. Ils préservent une proie à nos vies. Mellifères ou lettrés, Pénélopes ou épeires, tels sont les noms qu'ils portent en tremblant ! »

CHAPITRE XXIV

Les derniers romans

Il ne dormait plus guère la nuit. Il souffrait trop. Il ne pouvait manger et devint maigre comme un chardon. Il prenait un peu de lait de femme le matin, à dix heures, au début de l'après-midi, et avant qu'il se couchât. Il passait son temps à vouloir errer dans le parc comme font les animaux qui se retirent dans un lieu plus inaccoutumé et plus sauvage pour dérober aux regards leur mort. C'est une pudeur qui est plus commune et plus irraisonnée que celle du sexe. Il ne voulait plus rester dans sa chambre. Il faisait cependant la remarque qu'un homme qui avait tant aimé la beauté et la variété des choses que contenait le monde, jusqu'aux objets les plus rebutés et les mots les plus bas, en était peu remercié. Mais il ne faisait cette remarque que devant les petits esclaves ou les femmes, sans geindre jamais devant les semblables. Il n'était plus capable de demeurer longtemps étendu dans l'insomnie et dans la souffrance. Il glissait avec peine ses jambes sur son lit et les posait avec lenteur et avec précaution sur le pavement de marbre glacé. Assis sur le bord du lit de cuivre il reprenait souffle, il examinait ses pieds, ses doigts de pied maigres et velus, les os de ses jambes, les mollets disparus. Il voyait ses deux genoux osseux comme des nœuds de bois, la peau vide et douce de ses cuisses, le fourreau à demi gonflé de son sexe entre les cuisses, les couilles à demi enflées comme des œufs de grive. Et il pleurait de souffrance.

Il se levait. En titubant sur le marbre glacé il s'approchait du volet de bois qui masquait une des fenêtres et il le poussait. L'air lui venait au visage, sur les paupières, sur les lèvres où il se mêlait à son souffle. Il percevait le parc peu à peu dans la nuit, le gazon, les masses obscures des mûriers verts, et plus loin les astres sur Rome, et les arbres qui bruissaient près de la fenêtre où il se tenait, comme un paysage à jamais étrange aux souffrants et aux mourants.

Un jour qu'il était à sa fenêtre à attendre le jour, il vit sa fille aînée qui marchait dans le jardin, qui revenait lentement des remises où s'abritaient les jardiniers et où on les enchaînait pour dormir.

Il recula. Il s'assit un instant sur son lit, attendant que Polia fût rentrée et qu'elle eût retrouvé son propre lit avant d'oser sortir lui-même. Il porta la main à son ventre brusquement. Il souffrait d'une façon qui avait cessé d'être supportable. Il faudrait mêler du pavot au lait du matin. Il manqua s'évanouir tant la souffrance s'amplifiait. Puis il passa sa main sur les yeux. Il se dit qu'il n'avait pas rencontré de son vivant un citoyen romain qui haït plus la mort que lui et qui redoutât plus de s'y brûler et de s'y émietter dans l'urne funéraire. Il ôta la sueur qui inondait son visage et qui se mêlait à une espèce d'eau qui lui venait des paupières et qui le faisait renifler.

Il disait que Pedo était plus grand que Virgile. Arruntius dit qu'avant qu'il se donnât la mort, il citait souvent les vers de Pédon. Si méprisée aux yeux de la postérité que soit l'œuvre de Pédon, je trouve aussi qu'elle contient les plus beaux vers qui furent écrits dans la Rome antique, ceux qui commencent ainsi :

Quo ferimur ? Fugit ipse dies orbemque relictum
Ultima perpetuis claudit natura tenebris.
Di revocant rerumque vetant cognoscere finem
Mortales oculos...

(Où sommes-nous emportés ? Le jour lui-même fuit et la nature, dont les bornes sont près de nous, entoure du mur d'enceinte des ténèbres éternelles le monde que nous avons quitté. Les dieux défendent aux mortels de porter leur regard où la nature finit...)

Trois des derniers romans d'Albucius Silus ont trait au suicide. Ils sont hantés par la douleur. On y retrouve aussi le thème des pères et des fils. Le thème des mères et des filles n'apparaît pas. C'est dans les liens passionnés qui unissent les filles à leur mère que j'ai vu qu'on ne pouvait distinguer le sens du mot amour du sens du mot haine. J'ai éprouvé de l'envie devant cette passion. Je mets bout à bout ces trois courts et ultimes romans : *La corde coupée, La veuve dépendue* et *Le suicide.*

LA CORDE COUPÉE

Laqueus incisus

Un citoyen fit naufrage : il perdit ses deux fils aînés. Il revient en larmes chez lui, dans un petit bachot. Il accoste. Il pénètre dans sa demeure. Il étreint sa femme et son fils dernier-né. Il prie les images. Il dort. En se retournant ses fesses font basculer une lampe à huile. La maison prend feu. En suffoquant il cherche la porte.

Dans l'incendie de sa maison il perdit sa femme et son dernier fils. Il quitte les ruines fumantes, s'approche du bois. A la poutre faîtière d'une bergerie il noue une corde. Il se pend.

Un passant venait à cheval. C'était un déclamateur grec. Au sortir du bois il voit un homme à la robe noircie qui est pendu. Il tranche la corde d'un coup d'épée courte. Il desserre le nœud qui empêchait l'air de passer dans les poumons. Il prend l'homme en croupe et le mène à la cité. Il veut le conduire chez un médecin et demande son chemin. Arrivé à proximité du Forum, le pendu saute du cheval et crie, assemble la foule des citoyens et des vieux, accuse devant tous celui qui l'a délivré de la mort de lui avoir causé un préjudice. Il dit :

— J'ai perdu mes enfants, mes richesses, ma femme. J'ai tout perdu et un homme m'ôte jusqu'à la mort.

Le sophiste grec répondait en usant de beaucoup de rhétorique :

— Cnéius Pompée, défait à Pharsale, ne s'est pas tué. Crois-tu que ton naufrage ou que ta maison fussent plus importants que la République ?

— Je voulais mourir. Pourquoi ce chevalier m'empêche-t-il de mourir ?

— J'aurais ôté l'épée des mains de Caton lui-même.

— Je veux rejoindre ma femme. Je veux serrer dans mes bras mes trois fils. Je veux jouir de nouveau ne serait-ce que des ombres des tapis, des ombres des ors, des ombres des maisons et des ombres des navires que je possédais autrefois.

— Tu as bien nagé quand tes fils étaient morts. Tu es bien sorti en toussant de la maison en feu. Pour te pendre, tu as choisi le débouché du bois.

— Je demande que je puisse mourir et qu'on cesse de tripoter la ficelle que je mets à mon cou.

LA VEUVE DÉPENDUE

Orbata post laqueum sacrilega

Une femme devint folle du désir de mourir. Elle venait de perdre son mari puis deux de ses fils. Elle se pendit : elle ne souffrait plus de leur survivre. Le troisième de ses fils arrive, s'empresse, voit le coffre, prend place dessus, la dépend. Elle se plaint à son fils qu'il l'ait ôtée aux ténèbres. Ce jour-là on annonçait dans la bourgade qu'un sacrilège avait été commis durant la nuit. La mère se lève, pousse la porte, gagne la citadelle et se dénonce au magistrat comme coupable, toujours dans le dessein de mourir. Le magistrat s'apprête à la condamner. Le fils arrive et s'y oppose. Il dit :

— Matrem mori prohibeo. (J'empêche maman de mourir.) Ce sacrilège est encore une corde.

On interroge la mère : elle ne sait rien d'un sacrilège dont elle ne recherche que le châtiment. Les arguments d'Albucius sont curieux. « Elle ne pouvait qu'adorer les dieux, dit-il, en femme qui avait tant de raison de les craindre. Elle n'a pas fait de sacrilège. Magis deos miseri quam beati colunt. (Les dieux sont plus aimés des malheureux que des riches.) Dans l'infortune la raison s'affaiblit, mais dans le malheur le désespoir se condamne lui-même au désir d'en finir. »

Pour défendre la thèse contraire, Albucius disait :

— L'aveu est la voix de la conscience (Confessio conscientiae vox est) ou du moins c'est une voix que la franchise et une force aussi involontaire qu'intérieure ont contrainte. C'est le fond de l'âme qui monte dans le corps et déborde les lèvres et s'assouvit dans la communication à l'air et à la lumière. Concita processit velut diis ipsis persequentibus : Feci, inquite. (Elle s'est avancée toute agitée, comme poussée par les dieux eux-mêmes en disant : C'est moi qui suis coupable.)

LE SUICIDE

Homicida insepultus

Un jeune homme se tua tant la souffrance était vive. Il était malade d'un cancer qui lui rongeait le sein droit. Chaque membre de sa famille l'accuse d'homicide et demande que le corps soit abandonné sans sépulture aux oiseaux et aux petites souris. Albucius eut ce mot : « Existama-bat licere misero mori. » (Il pensait que les malheureux avaient le droit de mourir.) Il dit aussi : « Caton eut un sépulcre. Curtius eut un sépulcre. » Il termina la déclamation de la sorte :

— Un jeune homme qui souffrait est donné aux trompes des mouches, aux crocs des chiens, aux serres des bondrées. Donnez-le à un seul être ! Donnez-le à un seul élément sinon à vos larmes ! A tous les hommes la nature donne une sépulture : les naufragés ont le flot, les esclaves crucifiés la fosse, les brûlés la flamme, le supplicié a son cri. Il n'a ni la larme de la mère ou du frère ni le flot ni la fosse ni la flamme ni le cri. Il a le bourdonnement d'une mouche. Il a le chicotement d'une souris. Il a le silence des bondrées et des aigles.

Albucius disait auparavant dans la déclamation : « La nature a donné aux êtres humains avec la vie la possibilité de se séparer d'elle. Si la nature elle-même n'était pas sûre que la vie fût un bienfait, à proportion un jeune homme dont le sein se rongeait ! »

CHAPITRE XXV

La mort d'Albucius

Il leur dit d'arrêter un instant. Il vit une petite grenouille jaune qui sautait sur le marbre et plongeait dans les fougères. Il la montra du doigt. Il vit la petite grenouille laper une fourmi sur le sol de marbre, à l'abri d'une feuille. Il dit :

— Entourant le bassin du second atrium, des mousses, des fougères, des iris, des mouches, des fourmis et des déclamateurs viennent chercher l'humidité.

Et il fut seul à grimacer un sourire. Il se dit : « J'aurais aimé écrire cette déclamation : "La grenouille qui lape une fourmi." »

Les esclaves le portaient sur une planche de bois recouverte d'un tapis. Il demanda qu'on sortît. Ils allèrent dans le parc vers le coin lui aussi humide qu'il affectionnait. Les esclaves choisirent de prendre l'allée principale. Les tiges d'un romarin touchaient les dalles et rencontrèrent sa main qui pendait. Il se saisit d'une des tiges les plus longues, banda comme il put les muscles de son bras, l'arracha d'un coup sec et la porta len-

tement vers son nez et ses yeux. Il regarda les
petites feuilles étroites, douces, grises. L'odeur en
était forte. Il redressa lentement la tête pour voir
autour de lui. Il vit le caroubier.

Il se souvenait de la guerre civile. Il avait été
pompéien. Il sentait encore au fond de lui-même
l'odeur de la crypte où il avait réceptionné un soir
les armes des partisans. A vrai dire ce n'était ni
une grotte ni une crypte mais une grande cave
sous une villa qui surplombait la mer sur la côte
de Campanie, à vingt ou vingt-deux lieues de sa
propre villa. La cave était très vaste, éclairée par
quatre petites bougies fumeuses. Il y avait plus
de soixante ans de cela. Elle était pleine de jarres
d'huile et d'amphores poussiéreuses qui devaient
contenir du vin, toutes placées à l'est. Il aurait dû
briser le plâtre ou le col de l'une d'entre elles. Il
était trop jeune alors pour avoir cette liberté dans
le désir. Il en eut le regret. Maintenant, se disait-
il, il ne pouvait plus boire de vin qu'il ne le ren-
dît aussitôt. Il tire-bouchonnait la tige de romarin. A l'ouest, dans la crypte, loin de la porte
étaient rangés en tas distincts les épées à deux
tranchants, les baudriers, les piques, les bou-
cliers ronds, les flèches, les arcs, les cuirasses, les
casques. Ils étaient arrivés par la mer. Ils étince-
laient dans la pénombre. Il était chargé de les
veiller. Il régnait dans cette cave, par-delà l'odeur
de poisson séché et de mer, par-delà la faible
odeur de cire chaude des bougies, une odeur de
moisissure et de terre meuble. Presque une odeur
de forêt. Un autre chargement allait arriver au
matin, avant que le soleil surgît.

Il frissonna. Puis il vomit de la bile ensanglan-
tée. En le ramenant, les deux esclaves passèrent
devant les chambres de Polia. Avant d'atteindre

le péristyle, il leur demanda de s'immobiliser. Il était toujours étendu sur la planche. Il tourna la tête vers les chambres. Il voulait voir le voile jaune transparent, sans qu'il en comprît la raison. La chambre au loin était longue et sombre, presque verte. Il attendit. Il vit enfin la vieille Polia qui passait. Elle était très grasse, les épaules voûtées. Elle buvait beaucoup de vin. Elle sentait fort, quelques bains qu'elle prît, les aisselles non épilées, la toge grise souillée, ni le chignon ni les coques des cheveux sur les oreilles jamais tout à fait ordonnés. Chaque nuit elle buvait seule. Chaque nuit il entendait sa fille aînée, âgée de plus de cinquante hivers, comme si elle voulait imiter les maux dont souffrait son père, qui se levait pour vomir.

Il eut soudain très mal. Il dit aux esclaves d'entrer dans la chambre de sa fille. Elle était assise près d'une grosse lampe à huile blanche. Sur ses joues elle portait maladroitement une pâte rouge à base d'anchousa. Elle plaçait un trait de suie sous les yeux pour les rendre plus grands et plus lumineux l'iris. Elle était toujours parfumée à l'iris, mêlée de suint de laine fraîche. Elle portait une longue tunique de soie noire et bleue. Elle se retourna vers lui et le regarda avec de grands yeux pleins de peur.

En approchant, un des esclaves buta sur le grand guéridon en thuya d'Afrique. La planche versa. Albucius tomba sur le pavement en criant. Polia poussa un cri. On lui mit de l'eau sur les joues. Il dit à sa fille :

— Je crois que c'est aujourd'hui que je veux mourir.

Elle poussa un autre cri.

On n'a pas le détail de sa mort. On sait qu'il se suicida. De nombreux mots de la fin ont circulé. Selon Seneca, avant qu'il dît qu'on le laissât mourir, après avoir mêlé le poison au lait, Albucius Silus eut le mot suivant :

— Non movet me periculum meum. (Je ne suis pas troublé par le danger que je cours.)

Selon Arruntius il aurait cherché à atteindre la bibliothèque. Il aurait voulu revoir la marque qu'avait laissée sur le mur blanc un objet que l'on avait ôté. Il ne le put plus. Il ne se releva pas. Tous accoururent le matin. Il disait :

— Non timeo. (Je n'ai pas peur.)

Selon Cestius, quand il s'éveilla, il dit :

— Hic dies est meus. (Voici mon dernier jour.)

Il fit chercher les poudres. Il fit presser le lait. Il fit préparer le poison sous ses yeux.

Selon Arruntius encore, aux esclaves qui préparaient les poudres et la satura sucrée il aurait dit :

— Ne m'imitez pas. Je rougis d'avoir délibéré de fuir.

Et il aurait ajouté :

— Je commence un silence que je ne finirai pas.

En 10 Ovide est exilé depuis deux ans. Les Indiens ont ouvert un troisième et un quatrième comptoir à Rome et à Ostie. Le bouddhisme a commencé d'envahir la Chine par l'entremise de Yue-tche. Horace est mort. Mécène est mort. Seul, survit Auguste dans sa méfiance, dans son génie et dans sa peur. Caius Albucius Silus haïssait moins la cruauté d'Auguste que l'habitude qu'il avait prise de parler en langue grecque. Selon Arruntius, il ordonna qu'on éloignât sa fille, qu'on la fît asseoir sur un pliant et qu'on fît appeler la nourrice. Il lui demanda d'ajouter un peu de lait à la préparation. Elle défit le haut de sa tunique. Il but. La salle où il était couché était comble. Au premier rang, sur un pliant, il y avait sa fille Polia. Tous ses élèves étaient présents. Au second rang, il y avait les esclaves les plus petits. Il demanda à la nourrice d'approcher de nouveau et la pria de le laisser prendre sa main. On entendait des reniflements. Il se tourna et il dit :

— Quid fletis, pueris ? (Pourquoi pleurez-vous, mes enfants ?)

Il mourut en tenant serrée entre ses mains la main de la nourrice qu'il payait pour son lait. Chaque matin elle trayait sa mamelle au-dessus d'un bol. Il buvait tiède.

Table

Composition réalisée par JOUVE

Imprimé en France sur Presse Offset par

BRODARD & TAUPIN

GROUPE CPI

La Flèche (Sarthe).
N° d'imprimeur : 7081 – Dépôt légal Édit. 11148-04/2001
LIBRAIRIE GÉNÉRALE FRANÇAISE - 43, quai de Grenelle - 75015 Paris.
ISBN : 2 - 253 - 93345 - 7